HERNÁN CORTÉS

HERNÁN CORTÉS

Roberto Mares

Grupo Editorial Tomo, S.A. de C.V.
Nicolás San Juan 1043
03100 México, D.F.

1a. edición, septiembre 2003.
2a. edición, mayo 2005.

Nicolás San Juan 1043, Col. Del Valle
03100 México, D.F.
Tels. 5575-6615, 5575-8701 y 5575-0186
Fax. 5575-6695
http://www.grupotomo.com.mx
ISBN: 970-666-807-1
Miembro de la Cámara Nacional
de la Industria Editorial No 2961

Proyecto: Roberto Mares
Diseño de Portada: Trilce Romero
Formación Tipográfica: Servicios Editoriales Aguirre, S.C.
Supervisor de producción: Leonardo Figueroa

Impreso en México - *Printed in Mexico*

Contenido

Prólogo 7

Los orígenes 11
Hacer la América 13
En Cuba 15
Una aventura empresarial 19
La partida 21
En el camino 23
Malintzin 25
En Veracruz 27
El desmantelamiento de las naves 31
Las alianzas de Tlaxcala 33
La matanza de Cholula 35
A las puertas de Tenochtitlan 39
Comienza la guerra 43
Pánfilo de Narváez 45
Inicios de colonización 51
Derrota en Tenochtitlan 55
La organización militar 59
Contra Tenochtitlan 61
La primera legislación cortesiana 63
La caída de Tenochtitlan 65
Política y expansión 67

La ciudad de México 69
La extraña muerte de Catalina Juárez 73
Nuevas incursiones españolas 75
Los frutos del poder 79
La tragedia de las Hibueras 83
La muerte de Cuauhtémoc 89
El regreso 95
El juicio de residencia 97
El nuevo gobierno 107
Expediciones a las islas orientales 109
El regreso a España 113
En presencia del rey 119
Nuño de Guzmán 125
Nuevo matrimonio 129
De regreso en México 133
El sitio de Texcoco 139
Nuevas expediciones 143
Otra vez en España 147
La guerra de Argel 149
Últimas cartas 151
El final 155

Prólogo

Decía Hegel que el espíritu que guía la historia humana es muy astuto, pues aprovecha las pasiones de los hombres para cumplir sus propósitos, de modo que cuando su propia necesidad de cambio y evolución se hace patente, siempre aparece el hombre adecuado para el momento justo en que hay que darle un empujón a la historia y propiciar el sano desequilibrio que conduce al progreso. Esta parece una especie de manifestación filosófica, pero nadie podría negar que se siente un trasfondo de verdad en ella y que esa verdad no se puede refutar por la vía de la razón, por lo que hay que aceptarla como uno de esos misterios de la existencia que se nos presentan en la mente como cosa cierta sin que podamos reconocer por qué lo son.

Tal es el caso de aquella extraordinaria epopeya que fue la conquista de México, un momento trágico y fascinante en el reloj de la historia en el que se mezclaron los mitos y los sueños de dos culturas que ya no podían permanecer en la lejanía y la ignorancia de su destino.

En ese momento se presentó el hombre adecuado para cumplir con ese destino: un joven desgarbado, feo, desprovisto de nobleza y de linaje, con poco talento y mucha ambición, que se llamó Hernando Cortés Pizarro.

Si he dicho que era éste el hombre adecuado es con toda intención de señalar una paradoja, pues para la gente de su tiempo, y para nosotros también, no podía haber un personaje que se adecuara menos a las necesidades de una empresa de esta magnitud.

Pero no cabe duda que un espíritu, sabio y muy astuto, supo elegir al hombre idóneo y comenzó a configurar en su mente las imágenes justas para despertar en él una descomunal ambición y la ilógica certeza de que era un hombre predestinado para realizar algo muy grande.

Cortés vino a América como muchos jóvenes de su época, huyendo de la pobreza y sobre todo de la mediocridad; pero lo único que logró, durante siete años, fue un puesto de escribano en la isla La Española, y ni siquiera en Santo Domingo, la capital, sino en una pequeña aldea llamada Azúa. Pero una noche tuvo un sueño muy vivo, en el que se vio cubierto de ricas vestiduras y servido por gente que lo trataba con mucho respeto y admiración, como si fuese un gran señor. A la mañana siguiente contó este sueño a dos amigos, y les dijo: *Ya voy conociendo lo que las estrellas me prometen.*

A partir de entonces, las estrellas realmente fueron guiando sus pasos y todo se le dio con una extraña facilidad; las personas y las cosas se le iban acomodando delante y él no tenía más que tomarlas y usarlas como vehículos para avanzar con gran velocidad por un camino que era totalmente desconocido para él y para sus coetáneos. Al igual que su antecesor, Cristóbal Colón, Cortés navegó hacia la utopía y encontró lo inesperado; el primero nunca supo lo que iba a descubrir, y sin embargo fue un gran descubridor; el segundo no tenía idea de lo que iba a conquistar, y pasó a la historia como un gran conquistador. "Así son las cosas del espíritu", decía mi tía Jovita (que no era hegeliana), cuando no sabía cómo explicarse algo.

En el caso de Cortés, todo parece explicable ahora: un pequeño grupo de extranjeros armados llega a un país en el que gobierna un dictador totalitario, un verdadero sátrapa que se apoya en un grupo que en realidad es muy pequeño, pero que funciona como una elite muy poderosa, pues ha logrado instalar en un enorme territorio y entre una gran población toda clase de mecanismos de dominio militar y económico, sobre la base del terror psicológico. Como todos los pueblos, aquellos también tenían sus mitos mesiánicos, y fundaban sus esperanzas de liberación en el regreso de un héroe mitológico, que es un semidiós y por lo tanto rebasa todo poder humano. Al llegar estos extraños forasteros, al mando de un hombre carismático, se reedita ese sueño colectivo y el extranjero es elevado a la categoría de héroe liberador. Bastará entonces con que él sugiera una alianza con los pueblos oprimidos para que comience una guerra civil, cuya consecuencia lógica es el derrocamiento de los opresores.

Entonces, ¿cualquier otro hombre, español o no, hubiera encarnado el mito y propiciado la rebelión?... Yo me atrevería a decir que sí, siempre y cuando hubiera tenido exactamente las mismas características que Hernán Cortés: terco, voluntarioso, irresponsable, valiente, cruel, imprudente, inteligente (pero no mucho), obcecado, soberbio, temperamental, culto (pero no tanto), egocéntrico, maniático, rebelde, iluso, autosuficiente, orgulloso, avaro, lujurioso, religioso, solidario y solitario, iracundo, prejuicioso, melancólico, dominante, intrépido, elocuente, pragmático... Seguramente en su tiempo había muchos como él, pero ninguno de ellos tuvo la sublime terquedad que fue la principal característica de Hernán Cortés. La gente normal, cuando fracasa, entiende que ha fracasado y emprende una sana retirada; pero Cortés no, él no sabía darse por vencido; tal vez por eso se convirtió en el hombre adecuado para que, en el momento preciso, la historia diera un cambio violento y necesario. Así son las cosas del espíritu.

Roberto Mares

Los orígenes

Cuando nace Cortés, en el año de 1485, España se encontraba en plena euforia de triunfo, pues Isabel y Fernando, los reyes católicos, habían arrojado a los moros de los últimos territorios peninsulares, victoria final que coincidía con el descubrimiento de América, lo que aumentó sobremanera el ímpetu conquistador de España, apenas consolidada como una sola nación. En estas afortunadas condiciones, en la Europa del siglo XV ninguna otra nación hubiera sido capaz de desplegar la enorme energía que representó la conquista de las enormes extensiones de tierras apenas descubiertas.

La familia de don Hernando de Cortés era oriunda de Medellín, en la región de Extremadura, limítrofe con Portugal, y en ella nació el futuro conquistador, vástago de una familia modesta, aunque con ciertos recursos; su padre, don Martín Cortés, fue soldado en sus años mozos, y más tarde agricultor, casado con doña Catalina Pizarro, quien poseía una pequeña fortuna, que tal vez fue lo que ayudó a que el joven Hernán, a la edad de 16 años, fuese enviado a la universidad de Alcalá, para que se convirtiera en letrado, que en esa época era una profesión de gran prestigio.

Al ingresar en la universidad de Alcalá, Cortés era un joven melancólico y afectado visiblemente por el paludismo, por lo que parece que su desempeño escolar, por lo menos al principio, no resultó satisfactorio en lo académico, pero seguramente lo fue en lo psicológico, pues en aquellos tiempos la universidad de Alcalá era el centro intelectual de la constitución de una nación que se proponía como un fenómeno de gran potencial expansivo, a partir del descubrimiento y constante incorporación de nuevos territorios a lo que sería algo más que un reino poderoso: un verdadero Estado en términos modernos. Fue éste el ambiente del que abrevó Cortés durante su estancia en la universidad de Alcalá de Henares, que no fue tan larga como para convertirlo en letrado, pues sólo permaneció dos años en las aulas; pero sí fue lo suficientemente rica en vivencias como para crear en el joven Hernando una forma de pasión que en realidad era nueva en su patria: el gran anhelo de la aventura.

Tenía diecinueve años cuando dejó los estudios y entró al servicio de un notario de Valladolid, lo que no solamente fue un trabajo útil para ganarse la vida, sino para crear en él la visión jurídica, que en una España apenas salida de las oscuridades del medioevo era una forma novedosa de entender la vida social y crear las bases de una nueva estructura política.

Hacer la América

A partir de su salida de la universidad, la aventura se convierte casi en una obsesión para el joven Cortés, y seguramente también lo era para la mayoría de los jóvenes españoles de su época. La primera oportunidad de emprender un viaje a América se le presenta con ocasión del viaje de un paisano suyo, Nicolás de Ovando a la isla que en aquellos tiempos se llamaba La Española y que hoy es la República Dominicana. Aquel primer viaje resultó frustrado por razones de enfermedad, aunque se dice que fue tan sólo la convalecencia de una paliza que le propinó un marido ofendido. Sea como haya sido, el caso es que a los veinte años ya se encontraba completamente recuperado y entonces sí se embarca en un convoy de comercio con destino a La Española, que por aquellos tiempos era el centro de toda actividad comercial y de exploración de un territorio que estaba apenas en proceso de descubrimiento por parte de los españoles, aunque ellos ya se consideraban sus legítimos dueños.

Un contemporáneo describe a Cortés como un joven lampiño, alegre, vivo de ingenio y muy dado a los lances de amor. A pesar de que sus estudios habían dejado mucho que desear, el trabajo en la Notaría le había proporcionado una buena preparación en asuntos legales, por lo que es nombrado escribano en el Ayuntamiento de Azúa, puesto en el que permanece por siete años, con una corta interrupción para enrolarse en una expedición represiva en contra de los indígenas rebeldes de Haití. Durante su estancia en La Española, Cortés cultiva una buena amistad con don

Diego de Velázquez, quien tenía grandes influencias en la Corte, razón por la cual se le encomendó la conquista de Cuba, en 1511. Ésta fue la primera expedición importante en la que participó Cortés, aunque su función no era guerrera, sino de teneduría de libros.

Aquella expedición a Cuba fue sencilla e incruenta, ya que los aborígenes de la isla no ofrecieron resistencia y fueron fácilmente sometidos al crudo sistema de explotación de la tierra por los hombres que iban estableciendo los españoles en todos los territorios conquistados. Velázquez creó las primeras poblaciones españolas en Cuba: la primera de ellas fue Santiago de Baracoa, en 1512; más tarde fundó San Salvador de Bayamo y finalmente Santiago de Cuba, donde asentó la capital de la isla, como sede de los poderes políticos y religiosos, autonombrándose gobernador de todas las tierras conquistadas.

En Cuba

Por su parte, Cortés se estableció en Santiago de Baracoa, dedicado a la agricultura y a la ganadería, al mismo tiempo que continuaba con sus funciones de escribano. Pero la suerte le favoreció al encontrar una veta de oro, que en realidad resultó exigua, pero le permitió reunir una pequeña fortuna, que invirtió junto con Velázquez en la construcción de una fundidora y un hospital.

Por aquellos tiempos llegaron a la corte virreinal establecida en La Española varias familias de alcurnia, entre las que se encontraba la de un hidalgo llamado Luis Juárez, quien trajo a varias hermanas casaderas y de buen parecer. Diego Velázquez era viudo y por lo tanto libre para cortejar a una de ellas, y lo mismo hizo Hernán Cortés con doña Catalina, otra de las hermanas, con quien rápidamente contrajo matrimonio; pero en este lance de amores resultó de alguna manera ofendido el propio Velázquez, por lo que se acusó a Cortés de conspirar contra el gobernador y sin mayor trámite se vio preso y se le condujo a La Española con la supuesta finalidad de ser enjuiciado en la Corte; sin embargo, de una manera casi teatral, Cortés escapa de sus carceleros y se presenta ante Velázquez para solicitar su perdón, mismo que es concedido, y finalmente se hacen las paces en medio de circunstancias que pudieran parecer triviales o de farándula; mas habría que reconocer que en aquellos tiempos de poder sin control y desmedida ambición, los colonizadores españoles se jugaban la vida lo mismo en las grandes hazañas de conquista que en asuntos domésticos aparentemente sin importancia. De no haberse podido liberar de sus captores en aquella ocasión es muy probable que el conquistador de México no hubiera sido Hernán Cortés; aunque especulaciones de este tipo no tienen solidez histórica, resultan interesantes cuando se analiza la vida de un hombre en esencia frágil, en medio de circunstancias que se convertían en verdaderas epopeyas, como lo fueron las exploraciones de Hernández de Córdoba en las costas de Yucatán, o las incursiones de Pedro de Alvarado, Alonso de Ávila y Pedro de Montejo, desde Yucatán hasta las costas de Veracruz.

De éstas y otras aventuras se declaraba progenitor el propio Velázquez, presentándose ante la Corte como el autor intelectual y organizador, lo que le permitía conseguir los fondos necesarios, tanto para las expediciones en sí mismas como para su propio peculio y sostenimiento de su gubernatura. Así fue como se le proporcionaron los fondos para una tercera expedición a tierra firme, por lo que comenzó a organizarla, partiendo de la determinación de un jefe adecuado para esa campaña, en la que se pretendía llegar más a fondo que en las demás. El gobernador tenía a su disposición personajes con experiencia y un prestigio creado en sus anteriores expediciones, como Alvarado o Montejo, de manera que su elección parecía de fácil pronóstico, por lo menos con un criterio de lógica eficiencia; pero desde una perspectiva política la cosa era muy distinta, pues cualquiera de estos personajes que siguiera acumulando éxitos en su haber, necesariamente llegaría a hacerle sombra al señor gobernador, lo que tal vez comprendió Cortés, pues comenzó a intrigar a su favor entre los allegados de Velázquez, comprometiéndolos incluso a participar, junto con él mismo, en el financiamiento de la campaña, lo que finalmente decidió la balanza a favor de Hernán Cortés, quien fue nombrado jefe de la expedición, con el propósito fundamental de ganar nuevas tierras para la corona de España y con ciertas instrucciones particulares, como era el localizar a Grijalba y a Olid, quienes aún no regresaban de

Hernán Cortés con su armadura de gala.

una anterior expedición, además de encontrar, y posiblemente liberar del cautiverio, a seis cristianos que se habían perdido en Yucatán. Además, se ordenaba que Cortés explorara las costas de la península, para inquirir el significado de las cruces que se habían encontrado en Cozumel y conocer lo más posible de sus creencias religiosas, procurando instruir a los naturales en la fe católica; otro de los encargos de Velázquez era que Cortés y su gente descubrieran en dónde se encontraban las "Amazonas" que se decía habitaban en esas tierras. Por supuesto, Cortés entendía que debía cumplir con esos encargos de la mejor manera, pero que lo que se esperaba de él era que avanzara lo más posible en tierra firme.

Una aventura empresarial

Se sabe que Cortés, además de toda su voluntad, empeñó en aquella aventura toda su fortuna, y también la de muchos de sus amigos, por lo que la empresa era para él de tal importancia que el fracaso no solamente significaba el desprestigio, sino la ruina económica para muchos. A medida que se difundía más el objetivo de adentrarse a fondo en tierra firme, muchos personajes decidieron arriesgar una parte significativa de sus haciendas para poder echar mano después a las grandes riquezas que se decía existían en el territorio mexicano. Mientras aumentaban las expectativas y las inversiones de los españoles más poderosos, la figura de Hernán Cortés crecía y la del gobernador Velázquez se empequeñecía en la misma medida en que ya no controlaba financieramente la expedición, con lo que aquella aventura se fue configurando como una empresa capitalista, lo que no era nada común en la idiosincrasia española.

Pero este carácter empresarial dio a la expedición una estructura y una fuerza extraordinaria, pues se rebasaron los límites de la rigidez jerárquica, del burocratismo, la corrupción y esa tendencia a un heroísmo romántico e ineficaz que era propio de la cultura española.

Antes de que se iniciara la empresa se cumplió el primero de los encargos, pues regresaron Grijalba y Cristóbal de Olid. La reaparición de Grijalba propició un cambio de actitud en el gobernador Velázquez, quien pretendió cambiar la jefatura de la expedición, dándole el encargo ahora a Grijalba para deshabilitar a Cortés, quien había adquirido ya demasiada relevancia; pero, como dice Bernal Díaz del Castillo en sus crónicas, cuando llegó Grijalba ya Cortés había tomado el mando incuestionable de la expedición, pues por todas las villas y estancias de Cuba se daban pregones... *al son de tambor y trompeta, para la conquista y población de las nuevas tierras, en donde los soldados ganarían oro, plata, joyas y tierras.* Dadas estas circunstancias, la expedición de conquista de las tierras mexicanas era mucho más que una intención política, era una empresa privada y ya nadie podía detenerla.

La partida

En tanto que Velázquez no acababa de decidir si quitaba el mando a Cortés o no, éste se apresura; agotado su dinero, da una cadena de oro de uso personal en pago de los cerdos y carneros que encuentra en el matadero y decide embarcar. Los últimos días anduvo rodeado de hombres armados para evitar una de las acostumbradas sorpresas de Velázquez; aunque no dejaba de frecuentar al gobernador y de halagarlo lo más que podía. En esta sórdida lucha entre ambos, ganó la astucia del futuro conquistador. Aparentemente libre de Velázquez, Cortés se dio a la tarea de habilitar sus embarcaciones con todo lo necesario y en el puerto de Sancti Spiritus se tomaban las últimas medidas cuando llegaron enviados de Velázquez con órdenes que revocaban el mando de Cortés y lo mandaban aprender por cargos no revelados. Pero Cortés no se entregó, y en cambio llamó a su gente para informarles la situación, con lo que todos reconocieron la insidiosa intriga del gobernador y ratificaron su adhesión a don Hernando; así que en condiciones de franca rebeldía, Cortés y sus hombres tomaron rumbo a la Habana para terminar con su aprovisionamiento.

Encontrándose ya todos los barcos en la Habana, llegaron nuevos requerimientos de Velázquez para que se aprehendiese a Cortés, y éste sospechaba de la traición de Diego de Ordaz, quien había sido mayordomo de Velázquez. Un día, de Ordaz preparó un banquete a bordo de su navío, y en esa celebración el invitado de honor era el propio Cortés, quien en principio aceptó la invitación, pero a última hora se excusó de asistir, pretextando una repentina enfermedad. Otra vez en el terreno de las especulaciones, tal vez ese banquete hubiese cambiado el rumbo de la historia, aunque nunca se ratificaron las alevosas intenciones de Ordaz, y éste se comportó como un leal compañero en la campaña de conquista.

Por fin, el 18 de febrero de 1519 se decidió la partida, desde el Cabo de San Antón hacia el continente. Ese día se celebró una misa solemne, y en su discurso Hernán Cortés arengó a los participantes de la expedición, en el sentido de que les esperaban grandes esfuerzos, pero también grandes recompensas. En esos momentos, la expedición tomó todas las características de una empresa bélica, a pesar de que en realidad su fuerza era muy limitada: 11 navíos de pequeño calado, entre los que se encontraban barcos pesqueros y bergantines; 518 soldados, 45 artilleros, 16 jinetes y 110 marineros, con una servidumbre de 200 indios y algunos negros. Se tenían 10 cañones de bronce y 5 falconetes.

En el camino

Comenzó entonces la aventura con rumbo al misterio, lo que de seguro inquietaba a los expedicionarios y al propio Cortés; pero una circunstancia venturosa alivió la situación, pues se enteró Cortés que en las tierras de Yucatán vivían dos españoles que probablemente habían sido capturados por los indios y fueron en su búsqueda, encontrando a uno de ellos: Jerónimo de Aguilar, quien años atrás había sufrido un naufragio frente a las costas de Yucatán y había sido acogido por los habitantes de una aldea maya junto con otro náufrago; ambos habían aprendido el idioma de los naturales y se habían hecho a sus costumbres, de manera que cuando Aguilar instó a su compañero a buscar a sus compatriotas, el otro le contestó:

> *Hermano Aguilar: Soy casado, tengo tres hijos y estas gentes me han hecho cacique. Idos vos con Dios, que yo tengo labrada la cara y perforadas las orejas; ¿Qué dirían de mí los españoles?... y ya véis estos mis tres hijitos cuán bonitos son. Por vida vuestra que me déis de esas cuentas verdes que traéis para ellos, y diré que mis hermanos me las enviaron de mi tierra.*

Éste es sin duda el primer caso documentado de mestizaje, y sería el inicio de una nueva nacionalidad.

La primera acción de armas del grupo expedicionario se llevó a cabo en las inmediaciones de lo que ahora es el río Grijalba; el propio Grijalba conocía bien la región y tenía buenas relaciones con los naturales; pero ahora éstos, tal vez viendo que los españoles venían armados y en número mayor al de las otras expediciones, se pusieron en pie de guerra.

Cortés, confiando en la superioridad de sus armas, y sobre todo en el sobresalto que causaban en los indios los caballos y las armas de fuego, decidió batirlos río arriba, apoyándose en los bergantines; Alonso de Ávila avanzó por tierra, pues también conocía la región, y se unió a las fuerzas de Cortés para tomar una aldea ribereña. Al día siguiente, Cortés decide internase en tierra firme, para lo cual manda una columna expedicionaria, pero los indios les dieron combate y los obligaron a retroceder, a pesar de los refuerzos que les llegaron, al mando del propio Cortés. Con el servicio del intérprete Aguilar, Cortés interrogó a los prisioneros que habían hecho en la toma de la aldea, por lo que se enteró de que al día siguiente se reunirían los caciques para concertar un ataque en masa. En estas circunstancias, Cortés decidió adelantárseles, mandando por delante a los caballos para impresionar a los indios; el plan era iniciar el combate con una carga de lanceros. A la mañana siguiente se celebró una misa y una vez terminada ésta se inició el avance, actuando de la manera prevista. En principio los indios se lanzaron con bravura contra el exiguo ejército español, superándolo en gran número; pero al aparecer los caballos y al tronido de los arcabuces, la mayoría de los indios huyeron presas del pánico, con lo que su derrota fue evidente y aceptada por ellos.

Malintzin

Como era propio de las costumbres de aquellos pueblos, los caciques indígenas, considerándose vencidos, obsequiaron, a manera de tributo, a veinte mujeres, entre las cuales venía una que sería de gran importancia para el desarrollo de los acontecimientos de la conquista de México. Se trataba de una muchacha de origen nahua llamada Malintzin, a quienes los españoles llamaron "malinche", por simple deformación fonética, y que más tarde recibiría el nombre cristiano de "Marina", seguramente por la misma similitud fonética. La importancia de esa mujer se deriva de que ella dominaba la lengua náhuatl y la maya, además de que era inteligente y ambiciosa, por lo que rápidamente tomó el partido de los poderosos extranjeros a quienes probablemente veía como sus liberadores, a pesar de que había sido entregada a ellos como esclava; pero ella había sido vendida como esclava por su propia madre, por lo que se podría deducir que no abrigaba sentimiento alguno de lealtad hacia su gente.

De esa manera fue ganado para la corona de España el primer territorio de la futura Nueva España.

En Veracruz

El siguiente desembarco fue en una tierra ya conocida por algunos de los expedicionarios y la que bautizaron con el nombre de Vera Cruz (cruz verdadera); Cortés decidió instalar sus naves en los médanos de lo que ahora es San Juan de Ulúa, cerca del río, en donde establecieron el primer asentamiento español, siguiendo todas las formas legales y rituales que estaban previstas.

Mientras tanto, en la ciudad de Tenochtitlan comenzaba a manifestarse una gran inquietud, pues seguramente ya se tenían noticias de la llegada de aquellos extranjeros que realmente eran personas extrañas, por lo que todo tomaba visos de magia y fantasía, presentándose algunos fenómenos que se han considerado como "presagios" de la conquista: un día se vieron tres cometas volando juntos en el firmamento, *con gran estruendo y ruido de cascabeles;* por las noches se escuchaba la voz doliente de una mujer que decía llorando: *hay de mis hijos... ¿dónde los esconderé?* Se dice que un día fue capturada en el lago de Texcoco un ave que tenía en su cabeza una especie de espejo, la llevaron ante el *tlatoani,* Moctezuma, y éste vio en este espejo a los españoles, sus naves y sus caballos, con lo que se llenó de espanto.

Para los sacerdotes la situación era clara: aquel héroe semidios que había sido el mítico civilizador del pueblo nahua, Quetzalcoatl, quien había permanecido por siglos exiliado, ahora regresaba para retomar su poder, *y sus palacios de jade y turquesas.* Moctezuma se sentía amenazado desde los fundamentos mismos de su poder e incluso al principio mandaba desollar a los sacerdotes que repetían la versión del regreso de Quetzalcoatl, y al mismo tiempo organizaba un sistema de espionaje que lo mantuviera informado. A pesar de que por las noticias de sus informantes se enteró de que el número de aquellos extraños invasores era en realidad insignificante, dada su propia fuerza bélica. Pero los españoles tuvieron el mejor aliado que pudieran haber deseado, que era el rencor de los pueblos sometidos al poderío azteca, de manera que con sólo apresar o expulsar a los caciques de las comunidades que iban encontrando, las masas comenzaron a identificarlos como libertadores y no como invasores. Cortés supo aprovechar muy bien esta situación, pero al mismo tiempo tuvo conciencia de la magnitud de su empresa y del peligro que representaba para él y su gente, dado el poderío de quienes habrían de ser sus enemigos.

Pronto comenzaron a llegar emisarios del monarca azteca, trayendo grandes ofrendas. En una ocasión llegaron más de cien indígenas que portaban presentes de todas clases, entre los que se incluían piezas de oro, lo que por un lado movilizaba la ambición de Cortés, pero por otro, lo llenaba de inquietud, pues la conquista de un pueblo tan poderoso parecía una empresa imposible para un ejército tan pequeño. De Cuba no podrían esperar ningún refuerzo, pues la isla estaba dominada por Velázquez; por otro lado, el abandono de la empresa y el regreso significaría para muchos de los expedicionarios la cárcel, y para todos la ruina y la deshonra.

Pero la suerte fue favorable para los españoles, pues un día se presentaron varios embajadores del señor de Cempoala, que en aquellos tiempos era un reino importante, pero tributario de los aztecas y seriamente agredido y humillado por ellos. Aquellos emisarios invitaron a Cortés y a su gente a visitar su ciudad y ahí ocurrió un hecho decisivo para la conquista, pues estando Cortés en Cempoala, se presentaron veinte funcionarios de Moctezuma que venían a cobrar los tributos de la manera acostumbrada, con arrogancia y toda clase de vejaciones. Cortés se hizo traducir lo que decían aquellos cuestores y les hizo saber que el rey de España no toleraba el que ellos violaran a las mujeres del pueblo ni que cobraran un tributo excesivo por medio de la amenaza de fuerza. Sintiéndose apoyados, los mismos cempoaltecas apresaron a los emisarios de Moctezuma y los apalearon; aprovechando la situación, Cortés tomó el mando, haciendo que se difundiera en la comarca, a manera de bando real, que ya no era necesario pagar tributos a los aztecas y que desde ese momento los pueblos tributarios de la región quedaban libres y protegidos por la corona de España. Más tarde, Cortés hizo que llevaran a su presencia a los funcionarios de Moctezuma y los puso en libertad, con el encargo de que dijeran a su señor, el tlatoani, que los españoles no venían en son de guerra y que querían ser sus amigos.

Como se verá, las actitudes de Cortés no podían haber sido más hábiles y adecuadas a la situación, pues de inmediato se convirtió en el líder de aquellos pueblos oprimidos, quienes no dudaron en sumarse a sus fuerzas, pues bien conocían la furia vengativa de los aztecas. Así que, de un momento a otro, lo que se presentaba como una empresa sin la mínima esperanza de éxito se convirtió en una epopeya perfectamente realizable, pues Cortés salió de Cempoala al mando de un ejército considerable, compuesto por unos cuantos españoles y varios miles de guerreros indígenas, quienes, en realidad, tenían motivos mucho más valederos que la ambición para combatir a los aztecas; de hecho, la campaña de conquista iniciada por Cortés se fue convirtiendo rápidamente en una guerra civil, una verdadera rebelión en contra del poder establecido, que partía desde el centro del territorio mexicano y se extendía hasta lo que ahora es Centro América.

El desmantelamiento de la naves

Una serie de contratiempos internos detuvo por algún tiempo la marcha de los españoles y los ejércitos rebeldes sobre Tenochtitlan. Sucedía que Cortés no recibía refuerzos de ninguna índole y en vez de ello, algunas dificultades: una de ellas fue que llegó a Veracruz Francisco de Salcedo, quien procedía de Cuba, y con él llegaron las noticias de que Velázquez había obtenido del rey de España el título de "adelantado" en tierras americanas, con facultades para poblar todo el golfo de México; esta noticia quebrantó la moral de los expedicionarios; el grupo de los que conservaban alguna lealtad a Velázquez decidió regresar a Cuba, y pretendían apoderarse de uno de los navíos, lo que hubiera sido nefasto para el resto de las fuerzas españolas. Por otro lado, para Cortés y los opositores de Velázquez, el regreso a Cuba significaba no solamente la pérdida de sus inversiones y esperanzas, sino incluso el riesgo de cárcel.

Así que el caso requería de una serie de soluciones drásticas; una de ellas fue la aprehensión de los rebeldes e incluso el ahorcamiento de uno de ellos, Diego de Peza; mientras que otros fueron azotados. Otra de las medidas fue el envío de uno de los navíos hacia España, sin tocar Cuba, con la finalidad de que una comisión informara directamente al rey del avance de la expedición en México y llevarle algunos presentes que pudieran despertar su interés; al mando de esta comisión se encontraban Hernández Puerto Carrero y Francisco de Montejo.

Una vez partida esta embajada, Cortés llamó a los de más confianza y les expuso su plan de desmantelar el resto de las naves... *porque la falta de ellos alentase más los corazones de los suyos,* dice Bernal Díaz del Castillo. Fue necesario vencer con el ejemplo y la elocuencia la oposición de muchos marineros y soldados, pero finalmente la orden fue cumplida y con ello Cortés cortó de tajo la posibilidad de una retirada, por lo que tanto los fieles como los opositores no tuvieron más remedio que entregarse por completo a la empresa y seguir adelante. Muchos de los elementos de los navíos desmantelados fueron llevados por tierra, y posteriormente utilizados en el armado de las naves con las que se apoyó el sitio de México Tenochtitlan. Otra de las ventajas de la desaparición de las naves fue que los propios marineros tuvieron que integrarse como soldados al contingente de Cortés.

Las alianzas de Tlaxcala

El reino de Tlaxcala era el más civilizado de México; su sistema de gobierno tenía, incluso, elementos de una incipiente democracia y sus prácticas religiosas no tenían la crueldad de las de sus dominadores; porque Tlaxcala era tributario de los aztecas, a pesar de que no había sido avasallado del todo, pues el tipo de dominio que los aztecas ejercían sobre ellos era el de mantenerlos prácticamente en un cerco económico y las periódicas escaramuzas de guerra en las que capturaban jóvenes tlaxcaltecas para ser sacrificados, costumbre que llamaban "guerras floridas".

Para entender las relaciones de las naciones indígenas con el imperio central se debe considerar que en aquellos tiempos no existía propiamente un ejército organizado; así que no se había impuesto un sistema de vasallaje apoyado por la presencia permanente de las fuerzas del dominador; de hecho se vivía en un estado constante de guerra no declarada y de temor ante los ataques impredecibles de los guerreros aztecas.

En el viaje de Cempoala a Tlaxcala, Cortés y sus expedicionarios fueron observando el cambio de paisaje, cada vez más diferente del costero que era el mismo del de Cuba y Yucatán. Los cronistas hablan de la sorpresa con que miraron los llanos de la meseta central, tan parecidos a sus propias tierras en España. Además, también la gente es diferente. A su paso por las aldeas se juntan para ver a los españoles multitudes morenas de aspecto sumamente pobre, lo que contrasta con el lujo exagerado de los caciques, quienes se adornan con vistosas plumas, se pintan el rostro y portan joyas de piedras preciosas. A su paso se les ofrendan muchas cosas e incluso personas, como mujeres esclavas, que los españoles no desdeñan, pues les sirven como cocineras y en general para el trabajo servil.

Conforme avanzan, encuentran poblaciones más ricas y amplias, por lo que, al mismo tiempo que aumenta su asombro, también aumenta su temor, pues el riesgo de ataque se hace presente.

En Tlaxcala también crece el asombro y la inquietud ante el aproximamiento de los extranjeros y sus aliados; después de una serie de deliberaciones triunfa el partido de los que proponen hacer la guerra a los invasores. En vano Cortés ha pedido permiso para pasar por el territorio tlaxcalteca en su camino hacia Tenochtitlan, pues Xicotencatl, el jefe militar de Tlaxcala, se coloca al frente de varios miles de guerreros y marcha a enfrentarse a los extranjeros. Los españoles se atrincheran y aguardan el ataque. Al llegar los enemigos, las lanzas y los cañones causan numerosas bajas; los caballos ya no son más que catorce, sin embargo, su presencia causa verdadero terror entre los tlaxcaltecas, quienes persisten en sus asaltos durante tres días, durante los cuales los españoles sufren algunas bajas, pero son tan pocas y el armamento de ellos es tan extraño para los indios que sienten que nada pueden contra aquella especie de semidioses. Finalmente intentan un ataque nocturno, pero son derrotados por el ejército comandado por Cortés.

En la sede del gobierno tlaxcalteca, los partidarios de la paz y la alianza con los extranjeros aprovechan estas derrotas para convencer a los reacios de la conveniencia de pactar con las fuerzas invasoras un proyecto de beneficio común en contra de sus enemigos ancestrales: los aztecas.

Así se concertó la alianza que hizo posible la conquista de México y un cambio significativo en la historia del mundo. Cortés entró en Tlaxcala como aliado y no como vencedor y trató a los dirigentes con toda gentileza, aprovechando un tiempo de relativo descanso para organizar la campaña definitiva sobre Tenochtitlan.

La matanza de Cholula

Ya en camino hacia el centro de México, el contingente guerrero pasó por las tierras del cercano reino de Cholula, también tributario de los aztecas, y a su encuentro salieron miles de cholultecas, con presentes para recibir de manera especial a los españoles, quienes fueron invitados a permanecer unos días en su ciudad y fueron hospedados en un amplio edificio que... *se parecía a los antiguos alcázares de España,* dice el cronista.

La recepción y la invitación fueron muy festivas y amables, pero al poco tiempo los españoles se dieron cuenta de que se encontraban en peligro y que aquella recepción fácilmente podía convertirse en una emboscada. Por lo pronto la situación parecía controlable, pues, además de su gente, Cortés contaba con tres mil tlaxcaltecas, elegidos entre los mejores guerreros, por lo que su fuerza era en verdad disuasiva; pero bien sabía que detrás de los cholultecas estaba el poderío de Moctezuma y poco a poco se ponían en evidencia los preparativos para la consumación de la emboscada, pues se tuvieron noticias de que se almacenaban piedras en los techos de las casas por donde debían pasar los españoles, lo que fue comunicado a doña Marina por una cholulteca, quien además le dio varios detalles del complot. Entonces Cortés llamó a los jefes cholultecas para comunicarles su decisión de partir al día siguiente con rumbo a Tenochtitlan, por lo que les pidió que le proporcionaran cargadores para ayudar en el desplazamiento de sus materiales de guerra. Ante el anuncio de la decisión de Cortés, los dirigentes cholultecas aceleran sus planes y organizan su ataque para el otro día.

Pero Cortés ya estaba informado de todo, por lo que de inmediato se preparó para el combate, pero antes mandó llamar a cuarenta de los dirigentes cholultecas y los forzó a confesar su plan; ellos dijeron que era cierto que tenían la intención de matar a los españoles, pero que no obraban por cuenta propia, sino por órdenes de los mexicanos que ya se encontraban en las cercanías y que contaban con un ejército de treinta mil hombres. Ante estas declaraciones, Cortés mandó llamar a los embajadores de Moctezuma para interrogarlos, quienes negaron lo dicho por los cholultecas; ante esta situación y tal vez para mostrar su decisión ante los embajadores, Cortés dio la orden de ataque en presencia de ellos; así que de pronto, y en plena sorpresa, españoles y tlaxcaltecas atacaron sin piedad alguna, produciendo una masacre que ascendió a seis mil cholultecas muertos, si hemos de creer en las crónicas, donde también se afirma que no se tocaron mujeres y niños en esta ofensiva.

Esta operación bélica, que se ha llamado con justicia la "matanza de Cholula", es uno de los episodios más oprobiosos de la guerra de conquista, aunque probablemente fue eficaz para afirmar el carácter intransigente de los españoles, lo que era perfectamente congruente con la ideología del terror y de la crueldad que privaba en todo el territorio mexicano y que era el signo del poder de los aztecas. Identificado ya como un jefe poderoso, dada su disposición para la crueldad, de inmediato los tlaxcaltecas reafirmaron su alianza con los españoles, para lo cual llegó el jefe Xicotencatl, al mando de veinte mil guerreros, y se presentó a Cortés diciendo:

> *Tus órdenes, tu destino seguiremos; defiéndenos de aquel tirano, nuestras personas, nuestras mujeres y nuestros hijos entregamos a tu protección.*

Y lo mismo irían diciendo la mayor parte de los caciques que encontraban a su paso, viendo en esta nueva fuerza una oportunidad de liberarse del despotismo azteca.

Así fue consolidando Cortés su dominio sobre el terreno en que avanzaba, fiel siempre a la alianza con los tlaxcaltecas y engrosando sus filas constantemente, por lo que Moctezuma tenía razón en sentirse en peligro. Entonces decidió llevar a cabo una estrategia similar a la de Cholula; como un acto de buena voluntad mandó retirar los treinta mil guerreros que había mantenido al frente, y sustituyó la amenaza por una embajada de conciliación... con abundante comida, diez platos de oro y mil quinientas ropas de algodón. Estos emisarios traían la invitación del tlatoani para que todos los españoles entraran en la ciudad como huéspedes de honor, donde serían recibidos como amigos y halagados de múltiples maneras.

Cortés sí avanzó hacia Tenochtitlan, pero por distinto camino del que señalaban los emisarios de Moctezuma. Subieron por la sierra que separa el Valle de Puebla del de México, entre los dos volcanes: el Popocatépetl y el Iztaccíhuatl; desde lo alto contemplaron el amplio horizonte de valles, lagunas y caseríos. Seguramente una gran emoción embargaba a aquellos aventureros que contemplaban lo que ningún europeo había visto jamás; pero seguramente también había en ellos una gran incertidumbre, pues a pesar de contar con la aparente fidelidad de sus aliados, se encontraban frente a la cabeza de un imperio que causaba un gran temor entre todos sus pueblos vasallos, y ese miedo podría volverse en su contra en cualquier momento.

Esa noche durmieron en la serranía, y al amanecer, los españoles bajaron al llano, y junto con ellos iban seis mil tlaxcaltecas, un menor número de cempoaltecas y algunos miles de cholultecas, que se habían unido al ejército invasor, a pesar de que su pueblo había sido cruelmente agredido por los que ahora eran sus guías.

Algunos enviados de Moctezuma contactaron a Cortés en el llano, con el encargo de ofrecerle tributo y vasallaje al señor que él representaba —el rey de España—, a cambio de que todos los extranjeros echaran marcha atrás y dejaran por completo los territorios bajo su dominio; de otra manera, advertía, no se hacía responsable del daño que pudieran sufrir los españoles. Cortés le respondió que ningún daño podría ocurrirles, y a los mexicanos nobles que se acercaban a su campamento les previno... *que no anduviesen de noche por su cuartel, porque los españoles ni dormían ni se desarmaban, y era su costumbre matar al que se atravesaba a deshora entre ellos.*

Al día siguiente la tropa acampó en las cercanías de Amecameca que era una ciudad perteneciente al reino de Chalco, cuyo cacique regaló a los españoles cuarenta esclavas y algunas piezas de oro, manifestándoles su adhesión y expresando su odio en contra de los mexicanos. A las puertas mismas de la capital del imperio, el descontento y la traición seguían siendo los instrumentos más poderosos de la conquista.

Ya cerca de la ciudad de Texcoco, que según los cronistas era... *dos veces más grande que Sevilla, de altivos edificios cuyos cimientos baña el agua de una gran laguna,* se presentó una nueva embajada de Moctezuma, reiterando su ofrecimiento y su amenaza, lo que hizo que Cortés comprendiera que un monarca tan preocupado por su presencia no podía ser en verdad tan poderoso.

Al hospedarse en Tláhuac, el cacique local también le manifestó su adhesión, solicitándole su amparo respecto de Moctezuma; y lo mismo pasó en Iztapalapa, donde Cortés recibió muchas esclavas y una buena cantidad de piezas de oro. En estas circunstancias, las piezas de oro no servían de gran cosa, pero las esclavas sí eran de gran utilidad, pues prestaban un valioso servicio de avituallamiento para las tropas.

Iztapalapa no era una ciudad pequeña, pues, según los cronistas, contaba con diez mil casas, de las cuales, la mitad estaban sobre el agua, en "chinampas", y la otra mitad sobre tierra firme, rodeadas de arboledas y plantas que producían frutos en verdad extraños para los españoles, como la tuna, el chayote o los capulines, que ellos confundían con cerezas. Ahí descansaron por unos días, disfrutando de esta relativa abundancia y prácticamente a las puertas de la ciudad de Tenochtitlan.

A las puertas de Tenochtitlan

Finalmente, los españoles y sus huestes se colocan frente a la gran ciudad, contemplando los altos edificios blancos, cercados por el agua y comunicados por tierra por puentes levadizos. Multitud de canoas se encuentran en los canales y lagunas. Al frente de la gran calzada, un edificio de piedra con dos torres y una terraza almenada en donde va apareciendo una gran cantidad de nobles, cortesanos de Moctezuma que han venido a recibir a los extranjeros; ellos no adoptan una actitud hostil, por el contrario, saludan tocando tierra con la mano derecha, luego se besan la mano y "hacen humillaciones". Finalmente aparece Moctezuma, llevado del brazo por dos altos dignatarios lujosamente vestidos, pero descalzos y con la vista baja, en señal de respeto y humillación. Moctezuma porta un traje de algodón y se adorna con grandes arracadas en la nariz y las orejas; los pies con sandalias de oro y pedrería; marcha bajo un palio tejido de oro y plumas verdes que sostienen cuatro grandes señores. Al frente de esa fila se encuentran otros tres señores que portan una vara de oro a manera de cetro. Avanza Moctezuma entre dos filas de principales que mantienen la vista baja.

Ante este espectáculo, Cortés se baja del caballo y se acerca al monarca, intentando besarle la mano, pero los ayudantes se lo impiden pues no está permitido tocar la persona del tlatoani. Moctezuma baja la mano a tierra y luego se la besa en señal de saludo. En esos momentos los españoles, que avanzan en formación cerrada, disparan una salva de artillería también como una forma de homenaje según su costumbre, aunque no es de pensarse que Cortés hubiera ordenado esto solamente como un inocente saludo, sino más bien como una muestra de poder y en busca de un efecto mágico, lo que se consiguió plenamente, pues se percibió el miedo de todos los miembros de la comitiva, aunque, haciendo un esfuerzo, permanecieron en su sitio; una vez pasado el sobresalto, Cortés se acercó al tlatoani y con mucha delicadeza le colocó en el cuello un collar de cuentas de vidrio, a lo que correspondió Moctezuma, echando al cuello de Cortés otro collar de oro y piedras semipreciosas.

Durante el trayecto hacia el edificio en el que fueron alojados los españoles, la gente del pueblo se agolpaba a los lados de la gran calzada, admirando el porte de aquellos extraños personajes, sus ropas, sus armas, y sobre todo sus caballos; aunque seguramente no era menos el asombro de Cortés y su comitiva, quienes ahora se encontraban en una ciudad más grande que muchas de las de Europa y al frente de un gran ejército conquistador, lo que seguramente rebasaba con mucho sus expectativas al iniciar esta aventura.

Finalmente llegaron al palacio en el que habría de alojárseles; se trataba de un lugar espacioso, con amplias habitaciones y varios patios interiores; el edificio presentaba buenas posibilidades de convertirse en fortaleza, lo que de inmediato fue asumido por Cortés, quien mandó instalar la artillería a la entrada.

Así pasaron dos días de descanso y observación, durante los cuales los españoles pudieron darse cuenta de la gran opulencia de la corte de Moctezuma, que contrastaba con la miseria del pueblo. El tlatoani tenía una especie de serrallo personal con quinientas mujeres y era servido por una gran cantidad de personas; en sus jardines había instalaciones para toda clase de animales y un lugar para aves exóticas, que eran muy apreciadas por los cortesanos.

Comenzaron entonces las entrevistas entre Cortés y el tlatoani, en las que Cortés abordó, antes que nada, el tema de la religión, pretendiendo convertir a Moctezuma y a los miembros de su corte a la fe cristiana; durante este proceso se instaló, frente a la residencia de los españoles un altar con una cruz, muy a la vista de la gente, y ahí se dijo una misa, que fue la primera que se celebró en lo que sería la ciudad de México.

Comienza la guerra

Pero toda esta armonía y amable comunicación era solamente una apariencia y en secreto se tramaba un ataque sorpresivo, según llegó noticia a Cortés por medio de sus indios aliados; por este motivo, Cortés decidió adelantar el golpe y prender a Moctezuma; entonces los españoles acudieron armados al palacio y sin mayor trámite se apoderaron del tlatoani y lo llevaron en andas hasta su fortaleza sin encontrar oposición, pues actuaban en medio de la sorpresa y el desconcierto. Pero muy pronto comenzarían las hostilidades, aunque con mucha prudencia y a distancia, tal vez para no poner en peligro al monarca, quien decía aceptar la situación y aconsejaba a los suyos el no intentar un ataque, e incluso se le permitía despachar los asuntos de Estado desde su prisión.

No obstante, Cortés comprendía que esta situación no podía prolongarse demasiado, así que se comenzó a organizar la defensa de su fortaleza y las estrategias de combate. La mejor salida era la que ofrecían los canales; en consecuencia decidieron construir dos bergantines con capacidad para doscientos hombres cada uno y al mismo tiempo reforzaron las instalaciones defensivas de lo que era ya su fortaleza y la prisión de Moctezuma.

Al tlatoani se le permitían las visitas e incluso seguir de alguna manera ejerciendo su mandato, pero seguramente entendía su condición de rehén, lo que por lo menos le aseguraba la vida, pues su presencia era necesaria para detener las sublevaciones, sin embargo, era sometido a ciertas vejaciones, como el juicio y la ejecución de varios guerreros que habían matado a un español en un combate en Veracruz, en el que se obligó al tlatoani a presenciar los hechos encadenado y viéndose él mismo acusado, pues los ajusticiados declararon que obraban por órdenes suyas.

Reconociendo una culpa que con toda seguridad no entendía, fue liberado de sus cadenas, sólo para que renovase expresamente su adhesión a Cortés.

Los intentos de rebelión se sucedían cada vez con mayor frecuencia, pero Moctezuma todavía tenía el poder suficiente para reprimirlos. Finalmente, un día, el propio tlatoani llamó a una audiencia pública, donde proclamó, delante de todos, lo que prácticamente era una abdicación a favor del rey de España; se dice que esto lo hizo llorando, y que a su lado Cortés lo consolaba.

Y como si no bastara para irritar a los indios la prisión de Moctezuma, las humillaciones que sufría y las traiciones que se veía obligado a consumar con los suyos, Cortés se avocó a manifestar su poder de una manera particularmente agresiva; así que, acompañado de sus soldados y sin hacer caso de los sacerdotes y guardianes, subió al templo mayor, penetró en uno de los adoratorios y con una barra de hierro comenzó a derribar las imágenes de los dioses nahuas ante el asombro de los indios. En el lugar que se había clareado hizo construir dos altares... *e puso en una parte la imagen de Nuestra Señora en un retablico de tabla y en otro la de San Cristóbal.*

La sublevación general no se hizo esperar y ante esa situación Moctezuma le pidió a Cortés que se marchase para evitar un levantamiento generalizado, pues esto ponía en peligro su gobierno y su propia persona, a lo que no accedió Cortés, a pesar de que en realidad su situación era en extremo desventajosa y representaba un gran peligro. El control que tenían sobre la persona del tlatoani en cualquier momento dejaría de ser una seguridad, pues la vida de Moctezuma ya no tendría valor en un acto de vengativa indignación por parte de las masas, profundamente ofendidas por la sacrílega violación de su santuario.

Pánfilo de Narváez

Los españoles ponían sus esperanzas en los bergantines; pero estos también podrían ser atacados y fácilmente batidos a causa de la enorme diferencia numérica de los enemigos. Pero otra preocupación asaltó a Cortés, pues recibió la noticia de que habían arribado a Veracruz 18 navíos, de los que habían desembarcado mil cuatrocientos españoles. Cortés sabía que esa expedición no provenía de las fuerzas del rey y no tenía la intención de reforzarlo, sino más bien venía a desplazarlo, para aprovechar sus triunfos a favor de Velázquez.

En efecto, el gobernador de Cuba, enterado de la embajada de Hernán Cortés que había pasado de largo, sin tocar Cuba, había decidido adelantarse a cualquier decisión que lo excluyera de los planes de una conquista que había revelado una enorme importancia. Para ello organizó una nueva expedición con más del doble de las fuerzas con las que Cortés podría contar, y puso esa fuerza a cargo de Pánfilo de Narváez, a quien dio la orden de aprehender a Cortés.

La nueva expedición se vio en dificultades desde un principio, pues muchos de los indios de la región, que habían estado en contacto con la gente de Cortés, a causa de sus deficiencias inmunológicas naturales, se habían contagiado de viruela, de manera que se había generalizado una epidemia, misma que afectó a la mayoría de los soldados españoles recién desembarcados. A causa de la enfermedad de sus soldados, Narváez tuvo que permanecer un buen tiempo en Veracruz, ocupado por todos los medios en el boicot de la empresa de Cortés, procurando la deserción de la gente de Cortés y la incorporación a su propio bando, dado que la operación de Cortés había sido declarada un acto de rebeldía y, por ahora, Narváez representaba la legalidad. Sin embargo, para su gente, Cortés había adquirido ya el carisma de líder; los oficiales, los soldados y marineros se sentían parte de una empresa indudablemente exitosa y, además, todos habían participado ya del botín de guerra y esperaban mucho más si seguían a un caudillo cuya astucia los llenaba de admiración. Era tanta la lealtad de su gente, que cada uno de los espías de Narváez iba a parar a manos de Cortés, quien se abstenía de castigarlos, sino al contrario, los llenaba de presentes y los despachaba de regreso a sus bases, con lo que a su vez enviaba un mensaje a la gente de Narváez, pues se podía comprender que la oferta de un caudillo avanzado y exitoso era más estimulante que la de un jefe que se apoyaba en la burocracia y en la ambición política.

A pesar de todo, el encuentro entre ambas fuerzas expedicionarias parecía inevitable, y así lo asumió Cortés, por lo que se vio forzado a dejar su fortaleza de Tenochtitlan para combatir a sus compatriotas, aunque sin dejar de ejercer el virtual gobierno del imperio azteca, fundamentado en el cautiverio del tlatoani y en una fuerza de ciento veinte soldados españoles. Desde este insignificante centro de poder, durante algún tiempo se gobernó un Estado que regía sobre varios millones de personas, lo que es un hecho inusitado en la historia.

Cuando Moctezuma preguntó a Cortés por qué se disponía a batir a los extranjeros llegados a Veracruz, que eran blancos y súbditos del mismo rey, él contestó:

> *Súbditos del mismo rey somos, pero algunos, como nosotros los castellanos, servimos al rey, y otros, los vizcaínos, son bárbaros descomedidos como los otomíes.*

A su paso hacia Veracruz, recoge sus guarniciones españolas en Tlaxcala y Cholula, pero los aliados indígenas se niegan a seguirlo al saber que se trata de combatir a los "teules", pues los españoles habían adquirido entre ellos el carisma de semidioses. A pesar de todo, Cortés logra convencer a varios cientos de guerreros de elite, con los que avanza hacia la zona del Huatusco, en tanto que Narváez establece sus cuarteles en Cempoala. La situación de las fuerzas de Narváez seguía siendo desafortunada, pues la figura de Cortés y sus triunfos habían causado el efecto previsto entre los soldados y muchos dudaban de seguir apoyando a Narváez, y sobre todo luchar en contra de sus compatriotas, sobre todo que el propio Cortés había mandado emisarios con propuestas de paz y colaboración.

El lunes 28 de mayo de 1520, las fuerzas de Cortés acamparon en las márgenes del río Chachalacas, ya en las inmediaciones de Cempoala. La arenga que en este sitio dirigió a sus tropas fue la siguiente:

> *Bien se les acordará, señores, cuantas veces hemos llegado a punto de muerte en las guerras y batallas que hemos habido, pues no hay que traellas a la memoria, que acostumbrados estamos de trabajos, y aguas, y vientos, y algunas veces hambres, y siempre traer armas a cuestas, y dormir por los suelos ansí nevando como lloviendo; que si miramos en ello, los cueros tenemos ya curtidos de los trabajos. No quiero decir de más de cincuenta de nuestros compañeros que nos han muerto en las guerras, ni de todas vuestras mercedes, cómo estáis entrapajados y mancos de heridas, que aún ahora están por sanar; pues que les quiera traer a la memoria los trabajos que trujimos por la mar, y las batallas de Tabasco, y los que se hallaron en lo de Almería y lo de Cingapacinga, y cuántas veces por las sierras y caminos nos procuraban de quitar las vidas, pues en las batallas de Tlascala en que punto nos pusieron y cuales nos trayan; pues la de Cholula, ya tenía las ollas para comer nuestros cuerpos; pues a la subida*

> *de los puertos no se les habrá olvidado los poderes que tenía Moctezuma para no dejar ninguno de nosotros, y bien vieron los caminos todos llenos de pinos y árboles cortados; pues los peligros de la entrada y estada en la gran ciudad de Méjico, cuántas veces teníamos la muerte el ojo, ¿quién las podrá componderar? Pues vean lo que han venido, de vuestras mercedes dos veces primero que no yo; la uno con Francisco Hernández de Córdoba y la otra con Juan de Grijalba, los trabajos, hambres e sed, heridas e muertes de muchos soldados que en descubrir aquestas tierras pasastes, y todo lo que aquellos viajes habéis gastado de vuestras haciendas.*
>
> *... y dijo que no quería contar otras cosas muchas que tenía por decir por menudo, y no habría tiempo para acaballo de platicar, porque era tarde e venía la noche. Y más dijo: Digamos agora, señores, cómo viene Pánfilo de Narváez contra nosotros, con mucha rabia y deseo de nos haber a las manos, y no habían desembarcado y nos llaman traidores y malos y envió a decir al señor Moctezuma no palabras de sabio capitán sino de alborotador. Y de más desto, tuvo atrevimiento de prender un oidor de Su Majestad, que por sólo este gran delito es muy digno de ser castigado. Ya habrán oído cómo han pregonado en su real guerra contra nosotros, a ropa franca como si fuéramos moros.*

Llovía a torrentes; los de Narváez, desprevenidos, se hallaban a cubierto. En plena noche, Cortés distribuyó a su gente; a Pizarro con sesenta hombres le encomendó hurtar la artillería de Narváez; Juan Velázquez de León con sesenta soldados atacarían el cuartel.

Poco duró el asalto, la sorpresa causó estragos en las fuerzas de Narváez, quien combatió hasta que fue herido y perdió un ojo, por lo que se dio por perdido y se rindió personalmente; sus soldados, desconcertados, combatieron un corto tiempo más y la caballería nunca entró en acción.

Al entregarse a Cortés, Narváez dijo: "Señor capitán Cortés, tened en mucho el haberme prendido".

—Doy gracias a Dios —dijo Cortés— y a mis esforzados caballeros, mas una de las menores cosas que he hecho en esta tierra es desbarataros y prenderos.

Estas palabras revelan una gran soberbia, y se trata de una declaración muy aventurada en cuanto a su importancia, pues en esa batalla se jugó Cortés no sólo toda su empresa, sino su trascendencia histórica. Indudablemente, Cortés se empleó a fondo en esta campaña, poniendo en juego toda su astucia y valentía; pero también en esta circunstancia, como en otras, la suerte estuvo a su lado. Así que ahora, Cortés se veía dueño de dieciocho naves bien abastecidas, nuevas piezas de artillería y un contingente de soldados españoles que ampliaba con mucho su pequeño ejército.

Con la reestructuración de sus fuerzas, la estrategia más natural hubiese sido el regreso, la recuperación de sus huestes indias y la concentración en Tenochtitlan, pero en vez de concentrar sus fuerzas, Cortés decide fragmentarlas, mandando a Diego de Ordaz a ocupar Coatzacoalcos y a Velázquez de León a explorar la zona del Pánuco, pues tenía noticias de que otra expedición española se encontraba ya en esas tierras.

[illegible] Diego [illegible] y [illegible]
[illegible]
[illegible]

[illegible] en [illegible]
[illegible] en [illegible]
[illegible] batalla [illegible]
[illegible]
[illegible] Cortés [illegible]
en [illegible]
[illegible]
[illegible]
[illegible]
[illegible]
[illegible]

[illegible] la [illegible]
[illegible]
[illegible] pero en
[illegible] de [illegible]
[illegible] Diego de [illegible]
[illegible]
[illegible] de [illegible]
[illegible]

Inicios de colonización

Aparentemente, la conquista de México ya se había consumado en la mente del capitán, pues las medidas tendían a la ocupación de todo el que fuera el vasto imperio azteca, lo que se refuerza al considerar otra decisión que pareciera precipitada, y fue el hecho de enviar dos navíos hacia Jamaica para traer ganado de varias clases hacia tierras mexicanas, con lo que seguramente pensaba iniciar la adaptación de la economía de estas tierras de acuerdo a los modelos europeos.

Mientras tanto, en Tenochtitlan, Alvarado mantenía de manera precaria la estabilidad del gobierno azteca y el control de los españoles, sobre la única base del cautiverio de Moctezuma; pero un acto de extrema fuerza y crueldad estuvo a punto de hacer que se perdiera esa posición. Alvarado y su guarnición se encontraban intranquilos a causa de los constantes rumores de levantamientos indígenas, y desde luego las posibilidades de defensa eran muy precarias, pues ciento veinte españoles, aunque bien armados y fortificados, eran completamente insuficientes para contener un ataque de miles de guerreros que los aztecas podrían concentrar en poco tiempo. Se decía que dicho ataque ya estaba planeado y que se llevaría a cabo en la fiesta del "Toxcatl", que era la quinta fecha importante del calendario azteca y en la que se realizaban sacrificios rituales, por lo que Alvarado decidió realizar una incursión punitiva a la manera de lo ocurrido en Cholula, con lo que, a la vez que se castigaba la idolatría y la bárbara costumbre de los sacrificios humanos, se manifestara una posición extrema de fuerza. Lo primero que hizo fue rescatar a tres de las principales víctimas que estaban destinados al sacrificio en la fiesta y además mandó matar a los nobles que presidían esta celebración.

Los indios no se atemorizaron, y agredieron a los españoles, quienes tuvieron que replegarse hasta su fortaleza, donde solamente la intervención de Moctezuma pudo salvarlos, pero quedaron sometidos a un angustioso sitio, mismo que no se rompió sino hasta que se recibió la noticia de que Cortés venía ya en camino.

Finalmente llegó el victorioso capitán, al frente de más de mil soldados españoles, cien jinetes y su artillería por lo menos al doble. Toda la población se encontraba en un estado de gran tensión a causa de las actitudes represivas de Alvarado. La ciudad estaba en silencio y el mercado permanecía desierto. Asumiendo como verdadero el peligro de rebelión, Cortés ordenó a Cuitlahuac que obligara a la gente a salir al mercado, pero éste, en vez de obedecer las disposiciones de Cortés, se sumó a la rebelión. Este movimiento era encabezado por un sobrino de Moctezuma, de nombre Cuauhtémoc, quien rápidamente reunió una gran cantidad de gente y avanzó sobre el cuartel de los españoles. Diego de Ordaz salió de la fortaleza para intentar reprimir la rebelión pero sus fuerzas fueron insuficientes y salió Cortés a reforzarlo, pero el número de atacantes era mayor y en la refriega el propio Cortés salió herido, por lo que los españoles tuvieron que replegarse y encerrarse en su fortaleza.

En los días siguientes se sucedieron las escaramuzas causando numerosas bajas y heridos entre los españoles. Se obligó a Moctezuma a que hablara ante su gente y tratara de calmar los ánimos, pero el tlatoani fue recibido a pedradas y resultó herido.

Como la situación de los defensores del fuerte era cada vez más precaria, Cortés decidió aumentar el espacio de su fortaleza incorporando las casas contiguas, mientras que desarrollaba una política ambivalente, pues por un lado reprimía con violencia y por otro hablaba de paz y conciliación. Los dirigentes de la sublevación siguieron una estrategia parecida: primero rechazaron el discurso de buena voluntad y más tarde simularon estar dispuestos a deponer su actitud y restablecer la paz; pero cuando Cortés avanzaba sobre la calzada que conducía hacia su fortaleza, con rumbo a un sitio que se había fijado para el parlamento, cayeron sobre él y su comitiva; aunque Cortés y su gente lograron huir, todos se dieron cuenta que por la vía diplomática no había nada que hacer.

Aztlán era la tierra prometida de los aztecas.

Derrota en Tenochtitlan

En un último esfuerzo para contener la violencia, Moctezuma habló a la gente desde la terraza del fuerte de los españoles; pero una vez más la muchedumbre le contestó con piedras, lo que lo obligó a retirarse, ahora malherido, por lo que a los pocos días falleció, dejando a dos hijas suyas que lo acompañaban en su cautiverio. Ellas fueron obligadas a seguir a los españoles en sus posteriores movimientos y más tarde se les envió a España, donde fueron tratadas como nobles y casadas con caballeros.

Vista la imposibilidad de mantenerse en estado de sitio por mucho tiempo, se organizó cuidadosamente la evacuación, procurando salvar incluso el "quinto real", que era la proporción del oro incautado, que por ley pertenecía al rey. Al frente de esta escapada se encontraba Gonzalo de Sandoval con doscientos soldados, veinte jinetes y cuatrocientos tlaxcaltecas que cargaban un puente para echarlo sobre los canales; al centro iba Cortés con la artillería, acompañado por doña Marina, ocho españoles, un contingente de indios leales, las hijas de Moctezuma y otros prisioneros. En la retaguardia iban Pedro de Alvarado y Juan Velázquez de León con la caballería tomada a Narváez y el resto de los indios fieles; el ejército en huida era de siete a ocho mil hombres, de los cuales mil trescientos eran españoles.

Avanzando en silencio pudo el grueso de la columna cruzar varios canales, pero en uno de los últimos puentes comenzó el ataque de los aztecas; cedió el pontón de madera y una parte de los hombres que iban en la retaguardia ya no pudieron cruzar, por lo que fueron hechos prisioneros. Es muy probable que sea una leyenda, pero se dice que Pedro de Alvarado se salvó utilizando una vara muy alta a modo de garrocha, por lo que pudo alcanzar la orilla contraria. Velázquez de León murió en esta acción, donde también se perdieron los fardos que contenían los tesoros. En el resto de los puentes la lucha fue encarnizada, los guerreros aztecas se encontraban en una situación de ventaja y sus acciones hacían mucho daño a los fugitivos; se dice que ya en la noche, en un momento de cierta calma, Cortés, mirando a su gente en condiciones lamentables, se recargó en el tronco de un árbol y se echó a llorar, de ahí nació la leyenda del "árbol de la noche triste".

Los españoles y sus aliados lograron hacerse fuertes en lo alto de una colina que estaba coronada por un templo y ahí pudieron contener la persecución. Al día siguiente continuó la retirada, avanzando por Cuautitlán y Tepozotlán, continuando por esa región, en medio de la hostilidad de los pueblos por lo que iban pasando. Cerca de Otumba se les enfrentó una fuerza enemiga, lo que refiere Cortés de la siguiente manera: *Íbamos muy cansados y casi todos heridos y desmayados de hambre.* Pero ante la inminencia del ataque no les quedó más remedio que olvidarse de sus desmayos y prepararse para el combate. Los españoles habían aprendido que para sembrar el desconcierto entre los indígenas era muy eficaz matar a sus jefes, los que se reconocían fácilmente por sus atuendos. En aquel combate, Cortés mismo derribó al caudillo azteca, y Juan de Salamanca lo mató y puso en manos de Cortés el estandarte que éste portaba; sintiéndose acéfalos, los indios se replegaron y el peligro quedó conjurado. Pero para la columna que marchaba con rumbo a Tlaxcala la suerte de los españoles fue nefasta; se dice que las bajas de entre sus tropas fue de seiscientos, se perdieron todos los caballos y los indios leales perecieron casi en su totalidad. Sin embargo, el recibimiento de los tlaxcaltecas fue cordial y solidario, esa acogida fue tal vez lo que permitió que más tarde se consumara la conquista.

De estas derrotas aprendió Cortés que no debía ser tan audaz, y de ahí en adelante habría que actuar con diplomacia y cautela, pues habiendo perdido el control del gobierno azteca, representado por la figura del tlatoani, ya la guerra era un hecho abierto y no tendría más freno que la inteligencia y las armas.

La organización militar

Así, pues, Cortés comenzó a prepararse cuidadosamente para una campaña larga y bien organizada; estos preparativos duraron cerca de un mes. Los españoles establecieron sus cuarteles en la región de Tepeaca, que era la frontera entre el reino azteca y el de Tlaxcala; ahí fundaron una población que de manera significativa llamaron "Segura de la Frontera". Desde esta base, y con ayuda de los tlaxcaltecas se fueron ganando los territorios limítrofes con el valle de México, como eran Tecamachalco y Cuautitlán. En estas operaciones se recuperó el espíritu de colaboración de los pueblos oprimidos, y ahora, muerto el tlatoani, se encontró un mayor entusiasmo liberador. Cortés consideraba como sus principales aliados a los tlaxcaltecas, por lo que los instruyó como soldados a la manera europea y los puso bajo las órdenes de oficiales españoles. En algunas poblaciones, aun incorporadas, se producían sublevaciones, lo que era severamente reprimido por los españoles y sus aliados tlaxcaltecas.

Así fueron ganando terreno hasta que un día se volvieron a situar frente a la gran capital y procedieron a organizar el cerco; la estrategia ahora fue totalmente distinta de la primera vez, pues en aquella ocasión consistió en apoderarse de la cabeza del gobierno, o sea del tlatoani, para de esta manera asumir el control político, sin ocupar militarmente el territorio; ahora la intención era el dominio guerrero, contando con la fuerza considerable de los indios rebeldes al imperio azteca, además de algunos refuerzos de españoles que se presentaron de manera circunstancial, como fue el caso de Pedro de Barba, quien había llegado con instrucciones de Velázquez para Narváez, que era ya prisionero de Cortés, por lo que De Barba se unió a las fuerzas de Cortés con trece de sus hombres, y lo mismo hicieron sesenta prófugos de la malograda expedición de Garay al Pánuco; otro refuerzo que llegó precisamente para Garay también se unió a Cortés con ciento cincuenta soldados, veinte jinetes, artillería y municiones. Pero más que estos apoyos de hombres, lo que resultó extraordinariamente afortunado para Cortés fue el hecho de que algunos ambiciosos traficantes de armas comenzaron a abrir rutas de comercio en territorio mexicano, por lo que las fuerzas españolas comenzaron a disponer de elementos de guerra suficientes y adecuados, puesto que habían logrado incautar bastante oro para pagar con generosidad esos suplementos y estimular el abastecimiento de todo lo necesario para favorecer sus acciones.

La guerra aumentó de intensidad y de crueldad, muchas poblaciones fueron saqueadas por los españoles y se marcaba a los indios con hierros al rojo vivo, como ganado, lo que se había determinado como un castigo que imponían los españoles a quienes comieran carne humana. Los tlaxcaltecas no se mostraban menos crueles con las poblaciones dominadas. Por otro lado, las enfermedades transmitidas por los españoles hacían presa en los indios con gran facilidad y las epidemias se generalizaban. El nuevo tlatoani, Cuitlahuac, murió víctima de la peste, por lo que fue sucedido por Cuauhtémoc.

Cortés estaba tan seguro de triunfar que antes de tomar la capital de lo que ya consideraba su reino, procedió a bautizarlo:

> *Por lo que yo he visto y comprendido acerca de la similitud que toda esta tierra tiene a España, así en la fertilidad como en la grandeza y fríos que en ella hace, y en otras muchas cosas que la equiparan a ella, me paresció que el más conveniente nombre para esta dicha tierra era llamarse la Nueva España del mar Océano, y así, en nombre de Vuestra Majestad, se le puso aqueste nombre. Humildemente suplico a Vuestra Alteza lo tenga por bien y mande que se le nombre así.*

Contra Tenochtitlan

Al comenzar el ataque contaba Hernán Cortés con 40 caballos, 550 soldados, algunos carpinteros para armar los bergantines que se usarían en el ataque por agua, 80 ballestas, nueve piezas de artillería y un poderoso ejército auxiliar, incluyendo al poderoso ejército del señor de Texcoco, Ixtlixóchitl, quien había decidido pasarse al bando de los invasores. Se contaba además con miles de "tamemes", que eran cargadores y llevaron las partes de los bergantines que en realidad se habían construido en Tlaxcala y fueron armados en Texcoco. Cortés rodeó la ciudad y llegó hasta la calzada por la que había escapado en la llamada "noche triste", tomando de paso Popotla y saqueándola. A Sandoval se le asignó el ataque por el rumbo de Chalco, mientras Cortés atacaba Xochimilco, donde se encontró con una gran resistencia, pero finalmente el pueblo fue tomado. Se dice que en esa campaña Cortés estuvo a punto de ser tomado prisionero, pero fue rescatado por Cristóbal de Olid y un grupo de talxcaltecas. Aquello hubiera sido el fin del capitán, pues los aztecas habían generado un gran furor sacrificial, tal vez por considerar que sus desgracias eran el efecto de la ira de los dioses; en especial los prisioneros españoles eran de inmediato sacrificados en lo alto del teocalli y sus miembros eran repartidos como trofeos.

Las traiciones se sucedían entre los indios a medida que se percibían las probabilidades de éxito de los conquistadores; pero también entre los españoles había conatos de traición, como fue el caso de un oficial llamado Villafaña, quien junto con otros soldados que habían permanecido fieles a Narváez planearon realizar un atentado asesino en contra de Cortés. Al interrogar a Villafaña, Cortés obtuvo de él una lista de los conjurados en su contra, pero al parecer eran tantos, que la represión hubiese desmembrado su ejército, por lo que decidió decir que el propio Villafaña se había comido el papel que contenía la lista y acto seguido lo mandó colgar.

Primera legislación cortesiana

Al botarse los bergantines comenzó el asedio de la ciudad de Tenochtitlan, todas las operaciones de esta campaña estaban programadas en una ordenanza que había formulado Cortés en Tlaxcala y que el historiador Pereyra resume de la siguiente manera:

> *Porque por muchas escrituras y crónicas no es notorio e manifiesto quánto los antiguos que siguieron el exercicio de la guerra procuraron e trabaxaron de introducir tales y tan buenas costumbres y ordenaciones, con las cuales su propia virtud pudieron alcanzar y conseguir victoria y próspero fin en las conquistas y guerras que hubiesen de hacer y seguir; E por el contrario, vemos haber sucedido grandes infortunios, desastres e muertes a los que no siguieron la buena costumbre y orden que en la guerra se debe tener; e les haber sucedido semejantes casos con poca pujanza de los enemigos, según paresce claro por muchos exemplos antiguos e modernos, que aquí se podrían expresar; e porque la orden es tan loable que no tan solamente en las cosas humanas, mas en las divinas se ama y sigue, y sin ella ninguna cosa puede haber cumplido efecto, como que ello sea un principio, medio y fin para el buen reximiento de todas las cosas.*
>
> *Por ende, yo, Hernando Cortés, capitán general e justicia mayor en esta Nueva España del mar Océano, por el Muy Alto, Muy Poderoso y Muy Católico D. Carlos, Nuestro Señor, electo Rey de Romanos, futuro Emperador Semper Augustus, Rey de España e de muchos otros reynos e señoríos, e considerando todo lo suso dicho, y que si los pasados*

fallaron ser necesario hacer Ordenanzas e costumbres por donde se rigiesen e gobernasen aquellos que hubiesen de seguir y exercer el uso de la guerra, a los españoles que en mi compañía agora están e estuviesen, e a mi, nos es mucho más necesario e conveniente seguir y observar toda la mejor costumbre y el orden que nos sea posible, así por lo que toca al servicio de Dios Nuestro Señor y de la Sacra Católica Majestad, como por tener por enemigos y contrarios a la más belicosa y astuta gente en la guerra e además géneros de armas que ninguna otra generación, especialmente por ser tanta que no tiene número, e viendo ser muy necesario y cumplidero al servicio de su Cesárea Majestad, e utilidad nuestra.

Mande hacer e hice las Ordenanzas que de yuso serán contenidas e irán firmadas de mi nombre.

En primer lugar, Cortés define esta guerra como un apostolado, pues si no se aparta a los indígenas de sus idolatrías y pudiera haber otra clase de intenciones... *la dicha guerra sería injusta y todo lo que en ella se hoviese, obligado a restitución.*

En otros apartados establece penas contra la "blasfemia", prohíbe el juego de dados y permite el de naipes, pero moderadamente. Se fijan castigos para aquellos que se líen en peleas callejeras. Hace obligatorio el alistamiento de todos los españoles en las capitanías, y sólo permite que anden sueltos los que tengan permiso especial. Prohíbe estrictamente las burlas contra otras capitanías. Se dan reglas específicas para los aposentamientos individuales y colectivos. Se norma el servicio de cuadrillas, cabos, rondas y velas, banderas y tambores.

Respecto de los actos de guerra, se establece la prohibición terminante de las arremetidas que no sean expresamente ordenadas, las entradas en las casas de los enemigos, los hurtos y los fraudes. El oro, plata, piedras o plumajes, ropa o esclavos, deberán manifestarse para que fuesen repartidos conforme a lo que cada cual sirviese y mereciese.

La Caída de Tenochtitlan

El sitio de la gran Tenochtitlan fue penoso y prolongado; muchos de los asaltos fueron fallidos y en ellos perecieron muchos españoles, y aquellos que eran capturados vivos pronto eran sacrificados a la vista de sus compañeros. La peor parte la llevaron los defensores de la ciudad, morían los guerreros por millares pero no se rendían, a pesar de que en algún momento llegaron a ser cien mil los atacantes y la ciudad carecía de todo abastecimiento externo. Dice la crónica que...

> *los sitiados ya no tenían por dónde andar, sino por encima de los muertos y por las azoteas, y a esta causa ya no les quedaban flechas, varas ni piedras, y era tanto el lloro de los niños y mujeres, que no había persona a quien no quebrantase el corazón.*

Casa tras casa fue ganada y la ciudad fue reduciendo sus áreas de defensa. Por fin, en un intento de fuga, es apresado Cuauhtémoc. Cuando supo Cortés que el nuevo tlatoani había caído prisionero, mandó que se pusieran mantas y esteras en el piso para recibirlo y se dispuso a esperarlo en unión de los intérpretes doña Marina y Jerónimo de Aguilar, además de Pedro de Alvarado y Cristóbal de Olid. Cuando traen al ilustre prisionero, Cortés lo saluda amablemente y le ofrece asiento. Cuauhtémoc se acerca a Cortés diciendo que ha cumplido con su deber y pide que el capitán tome un puñal que trae al cinto y lo mate con él.

Consumada ya la conquista por la vía de las armas, Cortés se propuso desarrollar un plan de reconstrucción de la ciudad y reestructuración del gobierno del imperio azteca, ahora ya totalmente rendido al poderío español. Pero hay que decir que en muchos casos la reconstrucción fue más bien una demolición, pues faltaba por hacer la segunda parte de la conquista y fue una tarea de siglos, ya que se trataban de romper los cimientos culturales e ideológicos del imperio azteca y superponerle los de otro imperio mucho más poderoso: el español. Como es menester en estos procesos de transculturación, los símbolos fueron literalmente sobrepuestos los unos a los otros, los templos y los ídolos fueron reducidos a escombros y en su lugar se levantaron los templos de los nuevos amos, como para trasladar la sacralidad de los lugares de una a otra mentalidad.

La ciudad de Tenochtitlan se encontraba en condiciones lamentables tanto en su aspecto como en su vida social; pero sobre todo se había convertido en un lugar inhabitable a causa de la extrema insalubridad; el hedor de los cadáveres en descomposición era insoportable y las enfermedades, convertidas ya en epidémicas, hacían más estragos que la guerra. Por estas razones, Cortés y sus allegados decidieron instalar sus bases en Coyoacán y ahí crear la sede de lo que sería el primer gobierno hispano; es por ello que puede decirse que fue Coyoacán la primera capital de México.

Política y expansión

Habiendo ya cimentado su dominio, se celebró un banquete triunfal en el que apareció, por vez primera en tierras mexicanas el vino que recién había llegado de España, junto con ocho mujeres que amenizaron la celebración, los soldados españoles, ya ebrios, comenzaron a quejarse de la tardanza en la distribución del botín de guerra.

Pero el descontento se fue avivando cuando se hizo el reparto del oro, separándose el quinto del rey, deduciéndose los gastos y un quinto más para Cortés; con todo ello, quedó muy poco para repartir, y muchos acusaban a Cortés de haberse quedado con mucho más de lo que en justicia le correspondía. Este malestar se vio reforzado y magnificado por el rumor de que el último tlatoani, Cuauhtémoc, había echado a la laguna un gran tesoro, ante de rendirse, lo que nunca fue confirmado, pero en todo caso Cortés siempre negó haberlo encontrado o saber dónde se hallaba. Tomado ya como un hecho el que dicho tesoro existía, se dice que algunos oficiales de Cortés trataron de averiguar su localización dando tormento a Cuauhtémoc, por el ya sabido procedimiento de quemarle los pies. Se dice que Cortés no ordenó el tormento, pero es claro que lo permitió y seguramente estaba interesado en el resultado de aquella cruel indagación.

Como parte de un vasto programa para afianzar y extender la conquista, desde su sede de Coyoacán, Cortés mandó una expedición a cargo de Sandoval hacia el territorio de Oaxaca; esta partida exploró a fondo la región, estableció alianzas con los naturales y fundó la ciudad de Medellín, actualmente Tuxtepec. En el caso de otras regiones culturalmente avanzadas y de gran población, Cortés no tuvo que enviar avanzadas, pues los propios jerarcas enviaron sus embajadas para manifestar su adhesión al nuevo gobierno y sumisión a la Corona de España. Tal fue el caso de

Caltzontzin, quien era el monarca de los purépechas, que habitaban la región de Michoacán. Aprovechando esta nueva alianza, Cortés mandó explorar la costa de aquella región, en busca de los mejores pasos hacia el "Mar del Sur", o sea, el Océano Pacífico, pues sabía que a través de ese mar se podía llegar a las "islas de las especias", lo que era el sueño de todos los navegantes de la época y que seguía siendo una gran motivación para los reyes de España.

Cortés ambicionaba dominar toda la tierra que hubiera sido parte del imperio azteca, y no estaba dispuesto a compartir parte alguna de aquella extensión, por lo que fue motivo de preocupación la noticia de que había desembarcado en Veracruz un contingente español que provenía de Jamaica y se encontraba al mando de Francisco de Garay; la finalidad de esa expedición era explorar la zona del Pánuco, que tenía fama de ocultar muchas riquezas. Cortés debía acabar con aquella amenaza, pero antes tenía que atender a lo cercano, por lo que apresuró los trabajos de la reestructuración de Tenochtitlan y fundó oficialmente la Ciudad de México, dotándola de un Ayuntamiento, a la manera española, dando representatividad solamente a los españoles que quisieran asentarse en la ciudad, a quienes se dotaría de terrenos y casas. De esta manera, la ciudad tendría, además de un asentamiento militar que asegurase el orden, un gobierno y una población hispana, lo que sería la base social y política de un dominio duradero. Con gran astucia política, Cortés estableció la estructura básica del gobierno azteca y restableció las funciones de la antigua burocracia indígena, que tenía poder de represión sobre los suyos, pero se encontraban sometidos al poder superior, representado por los funcionarios españoles. Al mismo tiempo, Cortés procuró el restablecimiento del sistema económico indígena, estimulando la recuperación de la agricultura y los tradicionales oficios artesanales, con lo que se revitalizó el gran mercado de la ciudad de México y los mercados de las poblaciones.

La ciudad de México

Comenzó entonces el auge de la construcción en la ciudad de México; se trataba de múltiples obras con las que se pretendía reconfigurar el aspecto de la ciudad, que estaba marcada por los elementos de la cultura nahua y los símbolos del imperio Azteca; uno de los reproches que hizo la familia de Pánfilo de Narváez, en una carta dirigida al rey de España, fue:

> *... el haber hecho palacios y casas muy fuertes, que eran tan grandes como una gran aldea, y que hacía servir en ella a todas las ciudades de la redonda de México, y que les hacía traer grandes vigas de piedra desde lejanas tierras.*

Por su parte, Motolinía nos dice:

> *Ni de noche ni de día cesaban las voces, por el grande hervor con que edificaban la ciudad los primeros años.*

De aquellos trabajos forzados para la construcción de una ciudad hispana sobre las ruinas de la metrópoli azteca nació el sistema semiesclavista de la "encomienda", que no era otra cosa que una dotación de indios a cualquier español que quisiera asentarse en la ciudad de México.

Mientras Cortés continuaba la extensión de la conquista y la cimentación del nuevo poder colonial, desde Cuba Velázquez seguía procurando la desacreditación de Cortés por la vía política, habiendo fracasado la intervención directa; en estas gestiones logró el apoyo de quien era el presidente del Consejo de Indias, el obispo Fonseca, quien tenía la autoridad suficiente para determinar las formas de administración que conviniesen al rey de España para ejercer su gobierno en todas las tierras recién descubiertas.

Manipulado por Velázquez, Fonseca nombró un gobernador general de lo que ahora era la Nueva España, y el cargo recayó sobre Cristóbal de Tapia, quien fue enviado a las tierras mexicanas sin escolta alguna, sin fuerza de presión, amparado solamente por los títulos oficiales, lo que se consideraba suficiente, pues eran las órdenes del propio rey.

La presencia del nuevo gobernador causó desconcierto entre los conquistadores, pero nadie, incluyendo al propio Cortés, se atrevió a desacatar las disposiciones oficiales, por lo menos en la forma, porque en los hechos Cortés siguió ejerciendo el gobierno con base en la fuerza que le daba la alianza con los pueblos indígenas, quienes no reconocían otra autoridad que la del que había sido el caudillo de la guerra en contra de los aztecas. En estas condiciones, Tapia aceptó regresar a España con presentes para el rey y la comisión de informarle lo que realmente sucedía en México.

Por otro conducto, y para reforzar sus gestiones, Cortés embarcó a Alonso de Ávila, con valiosos presentes destinados al rey y por supuesto también con la encomienda de motivar la buena disposición del monarca a favor de Cortés, pero el navío fue interceptado por piratas franceses, quienes solicitaron un fuerte rescate por Alonso de Ávila, haciendo un relato exagerado de los bienes que portaba, lo que motivó la ambición de Carlos V, quien procedió a pagar el rescate y admitir que el único gobierno viable de la Nueva España era el que ya ejercía el "hombre fuerte", por lo que en una cédula firmada el 15 de octubre de 1522, el emperador... *queriendo proveer de manera que el pasado se remedie,* nombra Gobernador y Capitán General de la Nueva España a Hernán Cortés, señalando en la misma cédula que la expedición punitiva de Narváez había sido la causa de que Cortés perdiese la ciudad de Tenochtitlan en una primera instancia y que la división entre los españoles había causado grandes tropiezos en la obra de la conquista.

De esa manera, la posición de Cortés como jefe *de facto* de los territorios conquistados se convirtió en oficial, lo que le dio una gran seguridad para continuar su labor exploratoria, con objeto de ensanchar en territorio de lo que se había convertido en su jurisdicción legal.

La extraña muerte de Catalina Juárez

Como para reforzar esta nueva posición, Cortés mandó traer a su esposa, doña Catalina Juárez. Quien fue recibida con grandes festejos e instalada en la nueva casa de Cortés en Coyoacán. Cortés había entregado ya a doña Marina con un soldado español y reanudó su vida marital con Catalina, aunque tal relación no duró mucho tiempo. Una noche Cortés salió de su alcoba muy alarmado, llamando a su servidumbre para que viniesen a auxiliarlo, pues decía que su mujer se había puesto súbitamente enferma y cuando llegaron los sirvientes, encontraron muerta a doña Catalina. Rápidamente corrió el rumor de que Cortés la había estrangulado, aunque en aquel momento nadie se atrevió a acusarlo formalmente. Fue hasta 1529, durante su Juicio de Residencia, que el asesinato salió a relucir, con varios testigos de cargo, y aunque en aquel juicio nunca se dictó sentencia, se le restableció la "fama pública" al no considerar suficientes las pruebas testimoniales.

Respecto de la muerte de doña Catalina Juárez Marcaida, escribe el biógrafo Mateo Solana:

> *Doña Catalina murió de muerte natural. No hubo estrangulación ni comisión alguna de delito. Las cuentas del collar pudo haberlas roto Cortés en el desesperado trance de aliviar del espasmo a la desventurada mujer.*

Más que asumir la administración de su Estado, Cortés continuaba con su ímpetu conquistador. Aparentemente tenía prisa por extender y afianzar su dominio lo más lejos posible de la capital de su gubernatura, lo cual pareciera algo casi obsesivo y no tan urgente, ya que sus alianzas con los pueblos antes sometidos a los aztecas le daban cierta seguridad y la estructura de poder que era propia del antiguo imperio le facilitaba las cosas; habiendo él vencido al tlatoani, en la mentalidad de los pueblos él era el sustituto y su poder se fundaba en la delegación de funciones que eran ejercidas por los antiguos señores y dignatarios que antes eran tributarios del centro y seguían aceptando la nueva subordinación.

Nuevas incursiones españolas

Pero Cortés sabía que el peligro provenía de afuera y era el efecto de la ambición de sus propios compatriotas. Y no tardó en manifestarse esa ambición en los hechos, pues uno de los antiguos rivales de Cortés, Francisco de Garay, gobernador de Jamaica, desembarcó con novecientos hombres en el río de Las Palmas, en la región del Pánuco, que Cortés consideraba parte de sus dominios. Cortés mandó una columna represiva a cargo de Pedro de Alvarado. Pero al ser azuzados por los españoles, los naturales de la huasteca se habían sublevado y se encontraban en pie de guerra, por lo que estaban dispuestos a atacar a cualquier español que se presentara en sus tierras, de manera que fue necesario mandar un ejército de refuerzo al mando de Gonzalo de Sandoval, el más fiel y eficiente de los capitanes de Cortés, quien tuvo un éxito contundente en su campaña represiva.

Cuando Garay llegó a México, después de enviarle una carta a Cortés en la que le contaba "sus desdichas y trabajos", el conquistador lo recibió con toda gentileza y le ofreció un banquete en Texcoco. Fue tanta la deferencia de Cortés con el gobernador Garay que incluso le ofreció en matrimonio, para el hijo de Garay, a su hija predilecta, Catalina Pizarro que era aún impúber.

En esos tiempos también se encontraba en la ciudad de México Pánfilo de Narváez, pues Cortés lo había hecho traer con la finalidad de perdonarlo y darle su libertad. Así lo hizo e incluso le regaló 2,000 pesos de oro.

... y después que Narváez tuvo la licencia se humilló mucho a Cortés con promesas que le hizo de que en todo sería servidor, y luego se fue a Cuba.

En cuanto a Francisco de Garay, que tan torpemente se había involucrado en una aventura que le había costado toda su fortuna, sucedió que el día de Navidad de 1523, después de haber almorzado con Cortés

... Desde ahí a una hora, con un aire que le dio a Garay, le dio dolor de costado con grandes calenturas; mandáronle los médicos sangrar y purgar; y como veían que arreciaba el mal, le dijeron que se confesase e hiciese testamento, lo cual luego hizo; dejó de albacea a don Hernando de Cortés, y después de haber recibido los santos sacramentos dio el alma a Nuestro Señor Jesucristo.

Por supuesto, Cortés vistió de luto y manifestó gran dolor, pero no faltó quien lo acusara de haber envenenado a Francisco de Garay en el almuerzo. Sin hacer caso de aquellas acusaciones, Cortés fue a habitar un espléndido palacio que se había mandado construir sobre las ruinas del que fuera el recinto de Axayácatl, ubicado en el centro de la ciudad, sitio que más tarde albergaría al Monte de Piedad. Era aquel un edificio con tantas habitaciones y patios internos que de él decía el cronista Bernal Díaz del Castillo que "parecía el laberinto de Creta".

Cortés disfrutaba ya de los frutos de sus triunfos militares y políticos, continuando con gran ahínco su tarea de reconstruir y repoblar la ciudad, aunque ahora en un estilo hispánico, sobre todo en lo que había sido el centro ceremonial y político del gran imperio azteca. Durante ese proceso, Cortés repartió terrenos entre sus capitanes y soldados, además de conceder a muchos de ellos poblaciones enteras de indios en "encomienda", lo que de hecho contravenía lo dispuesto por Carlos V, quien deseaba que los indios conservaran su libertad y fuesen tratados como cualquier súbdito español. Pero Cortés se sentía ya amo y señor de estas tierras y se dio el lujo de modificar las ordenanzas reales, alegando que el otorgar indios y pueblos era la única forma que tenía de premiar a quienes habían arriesgado su vida en la guerra de conquista y para gloria de la corona de España; con estos argumentos cedió la intransigencia del rey y se estableció la institución de la encomienda, misma que perduraría en la cultura mexicana hasta transformarse en la "hacienda", que fue el modelo básico de producción agrícola hasta la Revolución.

Por lo que se refiere a la evangelización de los indios, que era la justificación moral de la conquista, la iniciativa de Cortés fue pedir al rey que le enviara frailes "de vida ejemplar y mucha santidad", pero que de ninguna manera le mandara obispos, pues estos, en vez de instruir a los indios en la fe católica, acostumbraban gastar el dinero que se recaudaba en ornamentos para las iglesias y toda clase de banalidades, dando con ello un mal ejemplo a los naturales.

Los frutos del poder

Envanecido Cortés por la magnitud de su poder en México, se dirigía con gran ligereza a quien ya era nada menos que *Su Sacra, Católica y Cesárea Majestad,* e incluso se tomaba ciertas libertades, como fue el disponer, en préstamo, de sesenta mil pesos que le correspondían al rey, con la finalidad de financiar algunas expediciones, una de las cuales fue la de Diego de Alvarado a Guatemala, que partió de la ciudad de México el 6 de diciembre de 1523.

Aquella expedición fue realizada con eficacia, pero también con el despliegue de la ya conocida crueldad de Alvarado. Llevando solamente trescientos soldados y ciento veinte hombres de a caballo, pasando por Tehuantepec llegó al Soconusco, de ahí a Quetzaltenango y finalmente a Guatemala, pudiendo someter a los agresivos habitantes de aquellas regiones.

A partir de 1425, la buena suerte que siempre había acompañado a Cortés pareció adquirir el signo contrario, pues a principios de ese año, el 11 de enero, partió Cristóbal de Olid de Veracruz al frente de otra expedición, con el objetivo de conquistar e incorporar a la capitanía la región de Honduras, llamada por los españoles "las Hibueras"; ésta era una empresa costosa aunque parecía justificada para Cortés, quien decía tener información de que era aquella una tierra muy rica, y que por la bahía de la Ascensión salía un estrecho para... *la otra mar, que es la cosa que en este mundo yo más deseo topar.*

En efecto, para Cortés era una verdadera obsesión el encontrar un vericueto por el que se pudiera transitar de uno a otro océano. Pero sucedió que en la expedición a las Hibueras no se encontró el anhelado "estrecho", y probablemente ni siquiera se buscó, pues Cristóbal de Olid aprovechó las fuerzas de que disponía para alzarse en contra de Cortés y quedarse con el gobierno de esta región, lo que representó un serio revés para la política de unidad y expansión que era la energía con la que se alimentaba la maquinaria, cada vez más pesada y difícil de manejar de la enorme capitanía.

Otra gran dificultad se le presentó a Cortés con la llegada de cuatro oficiales nombrados por el rey y ratificados en una de las Cédulas firmadas en Valladolid, y cuya finalidad era: *...Lo que toca al recaudo de nuestra hacienda, y porque haya con vos personas cuerdas e oficiales nuestros.*

Estos funcionarios de confianza del rey eran Alonso de Estrada, Rodrigo de Albornoz, Gonzalo de Salazar y Peralmindez Chirinos; evidentemente, su función era vigilar de cerca al Capitán y Gobernador General, tanto en lo financiero como en lo político, e informar a la gente cercana al rey de todos sus movimientos, con objeto de acotar un poder que ya resultaba molesto para la corona.

Por otro lado, en ese mismo año ocurrió la llegada del grupo de franciscanos que había solicitado Cortés, compuesto solamente por doce frailes bajo la custodia de fray Martín de Valencia. Por su fervor evangelizador, como en virtud de su número, esos misioneros pasaron a la historia como "los doce apóstoles de la Nueva España".

Cortés organizó una serie de actos solemnes para recibir a los misioneros, saliendo él mismo a recibirlos a la ciudad de Texcoco, acompañado de todos sus capitanes y de muchos señores indígenas, incluyendo al infortunado emperador Cuauhtémoc, quien seguía en calidad de prisionero. Como una muestra de humildad, esos doce frailes habían venido a pie desde Veracruz y además descalzos y con los hábitos raídos por lo que los indios los tenían por esclavos de los españoles, causando un gran asombro el que el propio caudillo, que para ellos tenía la categoría del tlatoani, se arrodillara ante ellos, y besara el hábito de fray Martín.

Pero la llegada de aquellos religiosos no conjuró de ninguna manera la mala racha de Cortés y su gobierno: al recibir las noticias del alzamiento de Cristóbal de Olid, en junio del mismo año, envió cuatro navíos hacia las Hibueras, con una fuerza considerable al mando de Francisco de las Casas, con la finalidad de castigar aquella insubordinación... *y para que nadie se atreva a volver a alzarse en contra mía.*

La tragedia de las Hibueras

Pasó un largo tiempo y no se recibían noticias de Francisco de las Casas, lo que desesperó a Cortés y decidió hacerse cargo personalmente de aquella expedición punitiva. A diferencia de las anteriores, esta expedición se llevaría a cabo por tierra y parecía demasiado riesgosa para Cortés, pues éste abandonaba la sede del gobierno para internarse en tierras desconocidas en las que se podía encontrar con varias formas de hostilidad: la ecología, los indígenas no sometidos y, además, los españoles sublevados. Otro agravante de esta actitud de riesgo era dejar al frente del gobierno a los agentes del rey, Alonso de Estrada y Rodrigo de Albornoz. Pero el deseo de venganza resultó ser más poderoso que la prudencia y la expedición salió de la ciudad de México a mediados de octubre y con un boato fuera de lo común, pues el número de soldados y sirvientes era muy grande, además de que Cortés se hizo acompañar de Cuauhtémoc y del señor de Tacuba, llevando también para su servicio a un mayordomo, un mastresalas, un botiller, un repostero, un médico, un cirujano, pajes, músicos, un maromero, un titiritero, vajillas; lo acompañaban también tres mil indios, guardias a caballo en la vanguardia y en la retaguardia, además de quinientos cerdos, que fueron sacrificados por el camino.

Eventualmente, también se incorporaron a la comitiva dos franciscanos de muy alta jerarquía: Juan de Ahora y Juan de Tecto; este último era uno de los teólogos más reconocidos de Europa, habiendo impartido durante catorce años la cátedra de teología en la universidad de la Sorbona, en París, había sido solicitado por el emperador, Carlos V, para ser su guía espiritual. El propio Juan de Tecto le había pedido licencia al rey para venir a tierras americanas, como evangelizador; aunque probablemente tenía algún otro tipo de funciones políticas. También se incorporaron a la marcha los otros dos oficiales del rey, Salazar y Chirinos, quienes permanecieron con la columna hasta Coatzacoalcos.

Con esta regia comitiva marchó Cortés hacia Orizaba, y en un campamento cercano al pueblo de Huilapan, dio a todos la sorpresa de que su intérprete, doña Marina, contraería matrimonio con un capitán de nombre Juan Jaramillo.

Tal parece que el primer sorprendido fue el propio Jaramillo, pues se dice que Cortés tuvo que estimularlo con grandes cantidades de vino, además de describirle la espléndida dote que recibiría doña Marina: dos casas y solares en la ciudad de México, una huerta de recreo en San Cosme y otra en Chapultepec, así como los pueblos de Jilotepec, en México, Olutla y Tetiquipape en Coatzacoalcos. La celebración religiosa estuvo a cargo del teólogo fray Juan de Tecto.

Nunca se ha aclarado qué fue lo que motivó a Cortés para casar a Malintzin con aquel capitán de tan escaso brillo; hasta ese momento ella había sido su inseparable compañera e incluso le había dado un hijo, Martín Cortés, a quien llamaban "el bastardo".

A pesar de todo lo que Cortés debía a esta mujer excepcional, sin cuya colaboración la conquista hubiera resultado mucho más difícil, Cortés nunca externó su reconocimiento y mucho menos reconoció sus relaciones íntimas. Fue el cronista Bernal Díaz del Castillo quien dio a conocer la importancia de Malintzin y su cercanía con Cortés, señalando el respeto con el que era tratada por los soldados y oficiales españoles.

En la primera etapa de la expedición a las Hibueras, Cortés fue recibido con fiestas y honores en todos los pueblos por los que pasaba. Pero al llegar a Coatazacoalcos cometió el primero de una serie de errores políticos: hizo caso de las intrigas de los agentes del rey, Chirinos y Salazar, quienes lo predispusieron en contra de los otros dos agentes que Cortés había dejado a cargo del gobierno en México. Curiosamente, sus intrigas coincidieron con una carta que recibió Cortés y que provenía del licenciado Zuazo, Justicia Mayor y Alcalde de la ciudad de México, en la que le informaba que Estrada y Albornoz tenían grandes dificultades entre ellos, al grado de que habían llegado a desenvainar sus espadas, y se hubieran liado a muerte si no hubiesen intervenido oportunamente los frailes Martín de Valencia y Toribio Motolinía.

En virtud de estos informes, y sobre todo por la manipulación de que era objeto, Cortés decidió que Salazar y Chirinos regresaran a México y sustituyeran en el gobierno a los otros, apoyándose en el licenciado Zuazo, autor de la carta.

Sobre esto comenta Bernal Díaz del Castillo: *Estos poderes fueron causa de muchos males y revueltas.* Pero este señalamiento no expresa la verdadera trascendencia de aquella decisión, que revela la ingenuidad de Cortés frente a estos personajes, acostumbrados a las insidiosas intrigas de la corte. Al someterse a esas formas sutiles de manipulación, el conquistador había caído en un remolino del que ya no podría salir y que lo llevaría a la pérdida del poder.

Cortés y su comitiva fueron recibidos con grandes honores en Coatzacoalcos, y él invitó a los españoles que residían en esa región a que lo acompañaran en la expedición a las Hibueras. Uno de esos colonos era el propio Bernal Díaz del Castillo, quien había recibido de Cortés una generosa encomienda en esas tierras y disfrutaba de lo que pensaba que sería su descanso y comodidad permanentes; Bernal no quería dejar todo aquello y volver a la vida peligrosa y esforzada, pero... *tan tenido y temido estaba Cortés, que no se hacía sino lo que él quería, ya fuese bueno o malo".*

Mucha razón tenía Bernal Díaz al resistirse a participar en aquella empresa, y el futuro habría de refrendar sus temores, pues habría de perder las tierras y propiedades que tan merecidamente había ganado, y muchos años después moriría en Guatemala "cargado de deudas y de hijos"; pero afortunadamente para al historia, Bernal Díaz participó y narró las vicisitudes de esta infortunada expedición.

A partir de Coatzacoalcos, nadie tenía idea de cuál debiera ser el rumbo a seguir; Cortés decía tener "un dibujo" del camino hacia las Hibueras, pero este "dibujo" mental en realidad era muy difuso...

> *Mis guías no sabían el camino que o debía llevar por tierra... la certeza del camino era muy dudosa... estuve veinte días buscando camino que fuese para alguna parte, y jamás se halló... me encontraba con harta perplejidad de lo que debía hacer, porque volver atrás tenía por imposible.*

Cortés hubiera podido, con mucha facilidad, llegar por mar hasta las Hibueras, como lo habían hecho los otros expedicionarios, pues las rutas ya eran conocidas, pero en su afán de llevar a mucha gente, tanto de combate como de servicio, e incluso de entretenimiento, como los músicos, el maromero y el titiritero, se atrevió a entrar con todo y su boato en las profundidades de la selva hostil, donde se encontraban obstáculos a cada paso, se tuvieron que construir sobre la marcha más de cincuenta puentes y en muchos pantanos sólo podían cruzar echando una gran cantidad de ramas sobre el lodazal... *no hubo una ciénaga donde no fuesen los caballos hasta encima de las rodillas, y muchas veces hasta las orejas... la gente iba muy descorazonada, pues ya sólo comían hierbas, ya fuera de tosa esperanza y más muertos que vivos.*

Así fueron muriendo, de hambre, muchos de los soldados, servidores y animadores de Cortés; así murieron los músicos, el maromero y el titiritero; e incluso el eminente teólogo y profesor de la Sorbona, Juan de Tecto, se entregó a la muerte debajo de una ceiba, "besando un crucifijo que traía".

Aquella hambruna en la expedición de Cortés se debió, principalmente, a la estrategia de "tierra quemada" que siguieron los pueblos de la región, de manera que a su paso la columna española sólo encontraba cenizas en los caseríos y en los campos de cultivo, mientras que los habitantes de esos lugares se escondían en lo profundo de la selva para no caer en manos de los extraños.

A pesar de las terribles condiciones de la marcha, Cortés se empeñaba en seguir adelante, tal vez por una obsesión de venganza o porque confiaba en que, una vez más, su buena estrella le tenía reparada una agradable sorpresa; pero la verdad era que a medida que avanzaban contra su voluntad, los soldados iban perdiendo la fe en su caudillo y Cortés comenzó a ser obedecido solamente por inercia o por temor, pero ya nunca habría de recuperar la fe y el entusiasmo que antes inspiraba en su gente.

Cuauhtémoc, el último emperador azteca, fue quien sufrió la llegada de los españoles.

La muerte de Cuauhtémoc

Tanto por una excesiva arrogancia como para evitar la tentación de sublevación entre los indios, Cortés había traído consigo a varios señores principales y al propio tlatoani, Cuauhtémoc, quien era transportado en andas a causa de que se le había sometido al tormento de la quema de los pies. Además, el grueso de la columna estaba compuesto por indios, la mayoría de ellos traídos como servidores; estos indios sufrían las mismas privaciones que los españoles, pero además eran tratados con gran despotismo por ellos. Cuauhtémoc expresaba su dolor por la situación de su gente, eso llegó a oídos de otros señores mexicanos que eran aliados incondicionales de Cortés, y ellos le hicieron la denuncia de las expresiones de Cuauhtémoc como si se tratase de un plan de sublevación...

> *y como Cortés lo alcanzó a saber, hizo informes sobre ello ...Guatemuz confesó que así era, como lo habían dicho los demás, pero que no salió de él aquel concierto y que nunca tuvo pensamiento de salir con ello. El rey de Tacuba afirmó que entre él y Guatemuz habían dicho que valía más morir de una vez, que morir cada día en el camino viendo la gran hambre que pasaban sus maceguales y parientes. Y sin haber más probanzas, Cortés mandó ahorcar a Guatemuz y al señor de Tacuba, que era su primo... Y cuando lo ahorcaban dijo Guatemuz: ¡Oh Malinche!, días había que yo tenía entendido que esta muerte me habías de dar y había conocido tus falsas palabras, porque me matas sin justicia. Dios te la demande, pues yo no me la di cuando te me entregaba en mi ciudad de*

México. El señor de Tacuba dijo que daba por bien empleada la muerte por morir junto con su señor Guatemuz... Yo tuve gran lástima de él y de su primo, por haberles conocido tan grandes señores, y aun ellos me hacían honra en el camino en cosas que se me ofrecían, especial en darme algunos indios para traer hierba para mi caballo. Y fue esa muerte que les dieron muy injustamente, y pareció mal a todos los que íbamos.

Con estas palabras relata Bernal Díaz del Castillo la muerte del último emperador de los aztecas y uno de los mayores crímenes, de entre los muchos que cometió Hernán Cortés en México.

Después de las grandes penurias ya descritas, Cortés y su menguada comitiva encontraron una villa poblada por algunos españoles, que había sido fundada por Gil González de Ávila y se encontraba en la costa. Después de unos días, Cortés hizo contacto con los navíos que se habían dispuesto para costear en auxilio de la expedición; así que la mayoría de los expedicionarios se pudieron embarcar en los dos navíos y el bergantín para continuar su viaje por mar. En ocho días llegaron a una bahía que se llamó "Puerto de Caballos" y ahí se enteró de que Cristóbal de Olid había muerto degollado por sus propios seguidores. De ahí se trasladó a la población llamada "Villa de Trujillo", en las Hibueras, en donde los habitantes salieron a recibirlo con muestras de sumisión, besándole las manos y pidiéndole perdón por haber seguido al rebelde Cristóbal de Olid... *Y Cortés, con muchas caricias y ofrecimientos les abrazó a todos y les perdonó.* Esos mismos españoles le relataron la forma en que los capitanes Francisco de las Casas y González de Ávila habían dado muerte a Olid.

Con la sensación de que nada en esta devastadora expedición había valido la pena se inició el regreso; el probable saldo de esta expedición es que murieron cerca del noventa por ciento de los participantes en ella, principalmente los indios, y por si eso fuera poco, a los españoles enfermos o heridos los envió Cortés desde Puerto Trujillo en un navío con rumbo a Santo Domingo, pero la nave naufragó y casi todos murieron ahogados. El mismo Cortés escribe que "iba con gran calentura" y herido por una piedra que había lanzado algún indio y que le dio en la cabeza.

Bernal Díaz narra su encuentro con Cortés en Puerto Trujillo:

> *Estaba tan flaco que hubimos mancilla de verlo, porque según supimos que estuvo a punto de morir de calenturas y de tristeza que en sí tenía; y aún en aquella sazón no sabía cosa buena ni mala de lo de México, y dijeron otras personas que estaba ya tan a punto de morir, que le tenían hechos unos hábitos de San Francisco, para le enterrar con ellos".*

Nunca imaginó Cortés que Chirinos y Salazar, en quienes había depositado su confianza, y que eran representantes del rey de España, fueran unos arribistas de tan mala índole; pero finalmente se dio cuenta de lo ingenuo que había sido al dejarse engañar por ellos. La verdadera situación había sido que ellos, coludidos con el alcalde de la ciudad, habían desplazado a los gobernadores interinos originalmente designados por Cortés y se habían dedicado a desmantelar los mecanismos de gobierno para cimentar su poder. Y todo ello se acrecentó al correrse el rumor de que Cortés y toda su comitiva habían desaparecido en la selva y después de largas penurias ninguno había logrado sobrevivir. Así, pues, Salazar mandó pregonar un edicto en el que se declaraban oficialmente muertos Cortés y todos sus acompañantes españoles, por lo que se ordenaba hacer un inventario de todos los bienes de los desaparecidos con objeto de que fueran administrados por el gobierno, que ahora recaía en sus manos. Para entonces ya se habían desembarazado del licenciado Zuazo, quien se había marchado a Cuba, aparentemente por su propia voluntad.

Salazar y Chirinos mandaron decir una misa de réquiem por el eterno descanso del alma de Hernán Cortés, mientras firmaban actas de despojo en contra de los antiguos compañeros de Cortés y declaraban legalmente viudas a las esposas de los expedicionarios, lo que escandalizó a la jerarquía católica, misma que amenazó con excomulgar a Chirinos y Salazar, generando una fuerte tensión entre los poderes religioso y civil.

A partir de ahí comenzaron las luchas internas, primero en un terreno político, y con frecuencia por el camino de la violencia. La ciudad de México se encontraba en condiciones caóticas mientras Cortés, sin enterarse de nada, convalecía de sus males y se entregaba a la melancolía en Puerto Trujillo. Finalmente llegó al puerto una nave en la que venía el sacerdote fray Diego Altamirano, quien era primo de Cortés y había venido desde la ciudad de México para buscarlo, por instancias de fray Martín de Valencia, y con el encargo de convencerlo de que regresara cuanto antes, pues su gobierno se desmoronaba. Entre varias cartas que informaban de la situación, fray Diego traía una del licenciado Zuazo, quien ahora, desde Cuba, le informaba de *los muchos desasosiegos, escándalos y alborotos* que había en la ciudad de México...

> *y la mucha necesidad que había de venir yo a remediarlos ...luego me metí en aquel navío que me trajo la nueva de las cosas de esta tierra; y a veinticinco días del mes de abril de 1526 hice mi camino por la mar.*

Cortés había salido de la ciudad de México hacia las Hibueras el 12 de octubre de 1524, así que al embarcarse en Trujillo había pasado aproximadamente un año y medio; ahora el viaje se haría por mar, pero lo acompañaban únicamente veinte personas... *porque los demás quedaron por vecinos de aquellas villas, y los otros me estaban esperando en el camino, creyendo que había de ir por tierra.*

Entre los que estaban esperando se encontraba Bernal Díaz, quien tuvo que volverse a internar en la selva para poder regresar, junto con otros de los avanzados que no se habían enterado de la llegada del navío; es por ello que escribe Bernal Díaz: *Estuvimos en el viaje más de dos años y tres meses.*

Cortés envió otra nave para transportar a los rezagados, y en ella viajó doña Marina, acompañada de su esposo, Juan Jaramillo; pero doña Marina venía embarazada y en la travesía dio a luz una niña que fue llamada María.

El regreso de Cortés resultó accidentado, pues fuertes vientos desviaron la nave hacia Cuba, por lo que Cortés tuvo que pasar unos días en La Habana, donde se enteró de más detalles de la actuación de Chirinos y Salazar, pero también se le dijo que ellos habían muerto en un zafarrancho popular al llegar la noticia a México de que Cortés estaba vivo.

En efecto, al enterarse los partidarios de Cortés de que su caudillo vivía, sus partidarios en la ciudad de México, junto con los franciscanos, se amotinaron y capturaron a los dos gobernadores interinos, pero no los mataron, solamente los encerraron en sendas jaulas y los mantenían encadenados.

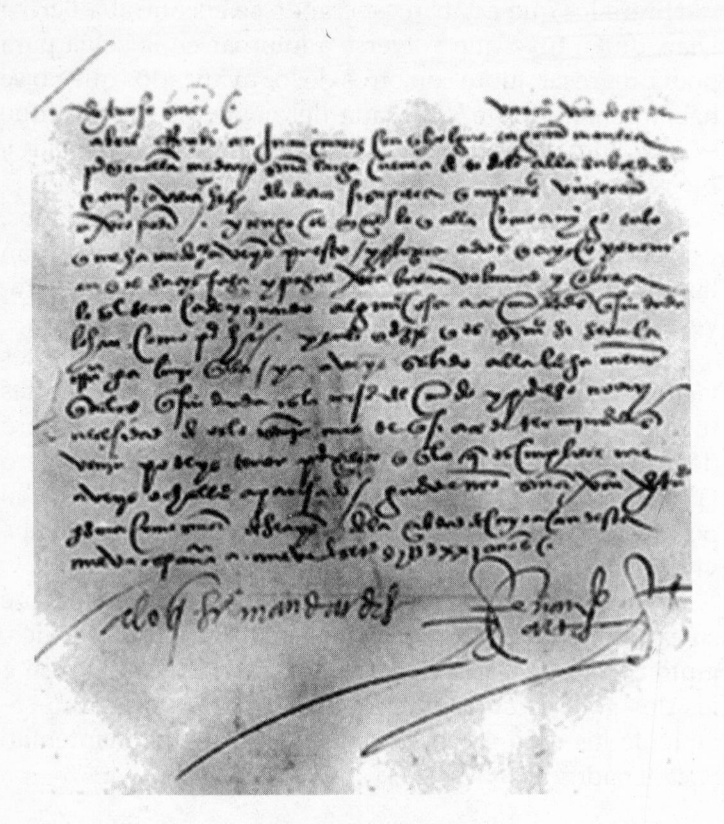

Carta de puño y letra de Hernán Cortés.

El regreso

Cortés salió de La Habana el 16 de mayo y a los ocho días desembarcó en el puerto de Medellín, pues el mal tiempo no permitió atracar en Veracruz. Permaneció once días en este puerto:

> ... *donde me vinieron a ver muchos señores de pueblos y otras personas naturales de esas partes, que mostraron holgarse con mi venida; de ahí me partí a la ciudad de México y estuve en camino quince días, y por todo él fui visitado de muchos de los naturales, los cuales todos lloraban conmigo, y me decían palabras tan vivas y lastimeras contándome los trabajos que en mi ausencia habían padecido, que quebraban el corazón a todos los que oían... Llegado a esta ciudad, los vecinos españoles y naturales de ella y de toda la tierra me recibieron con tanta alegría y regocijo como si yo fuera su propio padre... y así me fui derecho a la casa y monasterio de San Francisco, a dar gracias a Nuestro Señor por haberme sacado de tantos y tan grandes peligros y trabajos. Ahí estuve seis días con los frailes, hasta dar cuenta a Dios de mis culpas.*

Durante su estancia en el monasterio, todos los días oía misa, confesaba y comulgaba. Tal vez como un acto de expiación de la gran culpa que sentía por haber propiciado el sufrimiento y la muerte de tanta gente en la fallida expedición a las Hibueras, mandó construir a sus expensas el Hospital de la Concepción, que después se convirtió en el Hospital de Jesús, mismo que daría servicio no sólo a españoles, sino también a indios enfermos o que se encontraran "necesitados de consuelo."

Poco a poco todo volvía a la normalidad en la ciudad de México, Cortés retomaba las riendas del gobierno y los usurpadores permanecían en sus jaulas, a pesar de que eran funcionarios del rey. Cortés no pudo ocupar su gran palacio debido a que en su búsqueda de los míticos tesoros de Moctezuma, Chirinos y Salazar habían destrozado las instalaciones y el mobiliario, además de que habían hecho agujeros en pisos y paredes, buscando algo que en realidad no existía o que, de haber existido, no estaba en posesión de Cortés, quien con frecuencia se quejaba de la falta de recursos, a pesar de su palacio y de la magnificencia de su estilo de vida; en una de sus cartas, escribe al rey:

> *Confieso que ha cabido cierta suma y cantidad de oro; pero digo que no ha sido tanta que haya bastado para que yo deje de ser pobre y estar adeudo en más de quinientos mil pesos de oro, sin tener un castellano de que pagarlo. Porque si mucho ha habido, muy mucho más he gastado, y no en comprar mayorazgos ni otras rentas para mí, sino en dilatar, por estas partes, el señorío y patrimonio de Vuestra Alteza, conquistando con ello y con poner mi persona a muchos trabajos, riesgosos y peligrosos, muchos reinos y señoríos para Su Excelencia, los cuales no podrán encubrir ni agazapar los malos con sus serpentinas lenguas.*

Con eso de las "serpentinas lenguas", se refería, por supuesto, a los que hablaban y escribían en su contra, que eran muchos, pues la posición de Cortés en el nuevo mundo causaba muchas envidias entre cortesanos y funcionarios del rey. Pero algunas de esas lenguas seguramente sí causaban efecto en la corte de Madrid y en el ánimo del rey, pues poco tiempo después del regreso de Cortés a la ciudad, atracó en Medellín un barco en el que venía un "pesquisidor" (encargado de las "pesquisas") enviado por Carlos V, quien quería tener información fidedigna de lo que pasaba en México.

El juicio de residencia

Al principio, Cortés pensó que aquel funcionario venía a juzgar a los propios oficiales del rey, los enjaulados y sus compañeros, quienes tantos males habían causado. Pero para su sorpresa, le llegaron dos cartas del propio monarca y una del pesquisidor, en las que se le hacía saber que era precisamente él, don Hernando Cortés Pizarro, quien iba a ser sometido a juicio y destituido del cargo de Gobernador de la Nueva España. Una de las cartas del rey, fechada en Toledo el 4 de noviembre de 1525, decía:

Yo conozco cuan provechosa ha sido vuestra persona para la pacificación de esta tierra y reducirla a nuestro servicio, por mucha personas y cartas he tenido muchas relaciones contra vos y vuestra gobernación, e como quiera que según vuestros servicios se debe pensar que lo que escriben es con alguna pasión de envidia, por cumplir con lo que soy obligado a la justicia, conformándome con las leyes de estos reinos, he acordado mandar tomar residencia para informarme de la verdad, porque sabida haya mejor lugar para honrar vuestra persona y os hacer las mercedes que yo tengo voluntad.

A pesar de conocer las verdaderas intenciones del enviado del rey, Cortés le responde de la siguiente manera:

De verdad yo holgué mucho, por la inmensa merced que Vuestra Majestad Sacra me hizo en querer ser informado de mis servicios y culpas. Y por la benignidad con que en su carta me hacía saber su real voluntad e intención de me hacer mercedes. Por lo uno y por lo otro, cien mil veces los reales pies de Vuestra Católica Majestad beso.

Tal vez la actitud de Cortés haya sido una forma de astucia diplomática, o tal vez sí creía en la buena voluntad del rey; sin embargo, él tenía elementos para discernir las intenciones de Carlos V; entre otras cosas, recibió una carta que le envió desde Veracruz un franciscano llamado Tomás Ortiz, quien venía al frente de un grupo de doce dominicanos; el mensaje decía que la verdadera finalidad que traía Ponce de León era "cortarle la cabeza", por lo que debía evitar a toda costa que aquel pesquisidor llegase a la ciudad de México.

Pero Cortés no se atrevió a impedir que Ponce de León llegara a México, más al contrario, ordenó que se le dieran toda clase de atenciones y facilidades durante el trayecto; aunque Ponce de León recelaba de la buena disposición de Cortés y, prudentemente, tomó distinto camino, llegando sorpresivamente a la ciudad de México el 2 de julio de 1526.

Al día siguiente se reunieron con él Cortés y todos los miembros del Cabildo, y recibiendo los oficios que traía, firmados por el rey, los pusieron sobre sus cabezas en señal de absoluto acatamiento, y acto seguido Cortés entregó a Ponce de León las varas que simbolizaban el cargo de Gobernador y Justicia Mayor de la Nueva España.

Cortés realmente sabía que el enviado del rey venía a sustituirlo en el poder y se había resignado a ello; tal vez por ello, en los últimos días de su mandato, Cortés realizó gestiones que consideraba de justicia respecto de las hijas de Moctezuma, a quienes se había bautizado como Isabel, Marina y María. La mayor de ellas, cuyo nombre original era Tecuichpo, había sido la predilecta de Moctezuma y tuvo un papel muy importante en los últimos tiempos del imperio de su padre, pues había sido esposa de su tío Cuitláhuac, y al morir éste de su primo Cuauhtémoc, así que ella había sido hija y esposa de los tres últimos tlatoanis.

Cinco días antes de entregar las varas del poder, Cortés decidió casar a Isabel con el lugarteniente español Alonso de Grado, dándole como dote el gran señorío de Tacuba, incluyendo a todos los habitantes indígenas... *para que lo tenga y goce por juro de heredad para ahora y para siempre jamás, con título de Señora, pues de derecho le pertenece.*

A Marina, la otra hija de Moctezuma, también la casó con un español llamado Juan Paz, y la dotó con los pueblos de Ecatepec, Acobacan, Cuautitlán y Tecoyuca.

En cuanto recibió las varas de mando, el juez Luis Ponce de León mandó pregonar por toda la ciudad que el capitán Hernando de Cortés quedaba sometido a juicio de residencia; en este bando se decía:

> *Sepan todos los vecinos y moradores, estantes y habitantes desta Nueva España, cómo el señor licenciado Luis Ponce de León, ha de tomar residencia por mandato de Su Majestad a don Hernando Cortés, capitán general y gobernador que ha sido en esta Nueva España. La cual residencia se hace tomar por tempo y espacio de noventa días primeros siguientes, que corren y se cuentan desde hoy día en adelante. Por ende, todas las personas que han sido o son agraviadas o esuvieran quejosas en cualquier manera, parezcan ante el dicho licenciado, señor Luis Ponce de León, quien para ello señala audiencia cada día en su posada, desde las dos después del medio día, hasta las cuatro.*

El fraile Tomás Ortiz, quien ya antes había advertido a Cortés de las intenciones de Ponce de León, volvió a llamarle la atención sobre el asunto; pero, aparentemente, Cortés no le hizo caso, y en vez de ello, encargó a Andrés de Tapia que le ofreciera al juez de residencia y a su comitiva un banquete en la ciudad de Iztapalapa. Las treinta personas que participaron en ese ágape, incluyendo al juez, comenzaron a sentirse enfermos y durante los siguientes días todos fueron muriendo. Por supuesto, el asunto causó un gran escándalo en la ciudad y la muy justificada creencia de que Cortés los había mandado envenenar.

Ya en su lecho de muerte, Ponce de León entregó las varas de mando a un licenciado de nombre Marcos Aguilar, que había venido con él y no había asistido al banquete. Aguilar encomendó a fray Domingo de Betanzos que hiciera una investigación exhaustiva acerca de la extraña muerte de sus compañeros. Los doctores encargados del dictamen médico de los occisos declararon que la causa de la muerte había sido... *una fiebre maligna que les causó modorra y no por los requesones y las natas que les dio Andrés de Tapia y que tenían supuestamente ponzoña.*

El dictamen de los médicos exculpaba a Cortés, pero además había otro fuerte argumento a su favor, pues cinco de los frailes dominicos recién llegados habían muerto también a causa de las fiebres y "modorras", a pesar de que ellos no habían asistido al banquete. Claro que estas muertes también pudieron haber sido provocadas por Cortés, a modo de coartada. Sin embargo, un argumento de peso en descargo de Cortés fue el hecho de que era muy común que los españoles recién llegados adquiriesen el paludismo, debido a que no habían desarrollado los anticuerpos que los pudieran proteger, como era el caso de los residentes de largo tiempo.

Para mayor seguridad, Cortés mandó levantar una constancia, firmada por el escribano Francisco de Orduña, en la que se da fe de que durante los días en que estuvo abierto el juicio de residencia, no se presentó oficialmente ninguna acusación formal en su contra.

Aunque los partidarios de Cortés tomaron como un hecho favorable esta súbita muerte, y esperaban que Cortés reasumiera el mando, éste no se atrevió a hacerlo abiertamente, y en vez de ello escribió al rey lo siguiente:

> *Luego que el dicho Luis Ponce de León pasó de esta vida, hecho su enterramiento con aquella honra y autoridad que a*

su persona enviada por Vuestra Majestad requería hacerse, el Cabildo de esta ciudad y los procuradores de todas las villas de la tierra que aquí se hallaron, me pidieron y requirieron de parte de Vuestra Majestad Cesárea que tomase en mí el cargo de la gobernación y justicia, según antes lo tenía... Yo les respondí excusándome de ello, deseando que Vuestra Majestad sea muy cierto de mi limpieza y fidelidad en su real servicio, porque sin tenerse de mí este concepto no querría bienes en este mundo, mas antes no vivir en él; y he sostenido con todas mis fuerzas en el cargo a un Marcos de Aguilar, a quien el dicho Luis Ponce tenía por su alcaide mayor. Y le he pedido y requerido proceda en mi resistencia hasta el fin de ella, porque deseo sin comparación que Vuestra Majestad Sacra sea verdaderamente informado de mis servicios y culpas. Porque tengo fe, y no sin mérito, que me ha de mandar Vuestra Majestad Cesárea muy grandes y crecidas mercedes, debido a lo mucho que Vuestra Celsitud es obligado a dar a quien tan bien y con tanta fidelidad sirve como yo he servido; porque, como sea caso de honra, que por alcanzarla tantos trabajos he padecido y mi persona a tantos trabajos he puesto, no quiera Dios, ni Vuestra Majestad permita ni consienta que basten lenguas de envidiosos, malos y apasionados a me la hacer perder... Desde el principio y o he tenido muchos, diversos y poderosos émulos y contrarios, que ya desesperados, según parece han puesto alguna niebla o oscuridad ante los ojos de Vuestra Grandeza.

En esa misma carta, Cortés insiste, con toda razón, en que por sus acciones se había aumentado considerablemente...

el patrimonio y señorío de Vuestra Majestad, poniendo debajo de su real yugo tantas provincias pobladas, tantas y tan nobles villas y ciudades, quitando tantas idolatrías y ofensas como a nuestro Criador se han hecho, y traído a muchos de los naturales a Su conocimiento, y plantado en ellos nuestra santa fe católica en tal manera, que si estorbo no hay, en muy breve tiempo se levantará en estas partes una nueva Iglesia, donde más que en todas las del mundo Dios, Nuestro Señor será servido y honrado.

Como premio por sus servicios, Cortés pide al rey cualquiera de dos cosas: ir a España para servir personalmente al rey en su corte... *donde nadie, pienso, me hará ventaja ni podrá encubrir mis servicios.* La otra alternativa sería permanecer en su puesto, recibiendo como premio la merced de la tierras y los indios, además de seguir con su labor de conquista más allá de las tierras conocidas.

Yo me ofrezco – dice – a descubrir toda la Especiería y otras islas, si hubiere arca, de Maluco y Malaca y la China, y que Vuestra Majestad no haya la Especiería por la vía de rescate, como la ha el rey de Portugal, sino que la tenga por cosa propia, y los naturales de aquellas islas le reconozcan y sirvan como a su rey y señor natural.

Como se verá, Cortés se muestra dispuesto a ir a conquistar la propia China, con tal de que el rey le tenga buena voluntad y le permita por lo menos ganar el tiempo suficiente para reconstruir y consolidar su poder en tierras mexicanas, lo que deja ver en la última parte de la carta:

...aunque Vuestra Majestad más me mande desfavorecer, no tengo de dejar de servir, pues no es posible que por tiempo Vuestra Majestad no conozca mis servicios; y ya que esto no sea, yo me satisfago con hacer lo que debo, y con saber que a todo el mundo tengo satisfecho y le son notorios mis servicios y la lealtad con que los hago; y no quiero otro mayorazgo para mis hijos sino éste.

Cortés parece confiar en el buen criterio del rey para reconocer sus méritos y comprender sus errores, en virtud del gran beneficio que le ha reportado a la corona; pero seguramente intuye que la magnitud de su éxito en la conquista de México será el motivo de su caída, pues la gente de la corte de España, y el rey mismo, no habrían de permitir que un solo hombre dominara en tan vasto territorio y sobre tanta gente. Cortés sabe que al regir sobre lo que fuera el poderoso imperio azteca, y contando con las alianzas que lo llevaron al poder por la vía de hecho, fácilmente podría convertirse en el amo absoluto de las tierras conquistadas, oponerse al rey, aliarse con los enemigos europeos de España y hacer de México un nuevo Estado, independiente. Cortés sabe esto, pero también intuye que el rey lo sabe, por lo que no habrá de permitir que Cortés siga brillando en la Nueva España.

Al poco tiempo de enviar su petición al rey, Cortés le envía una carta a su padre, Martín Cortés, en la que revela un gran abatimiento:

> *Lo que yo quería que principalmente se negociase con Su Majestad es que fuese servido de en estos reinos darme de comer conforme a mis servicios, y allá se sirviese de mí por no ser juzgado como hasta aquí lo he sido... porque yo tengo por mejor ser rico de fama que de bienes, y por conseguir este fin no solamente he gastado los míos, mas aun los ajenos, porque estoy adeudado... Dineros no envío a vuestra merced porque por su vida que no los tengo.*

La carta a su padre termina de una manera patética:

> *Yo quedo agora en purgatorio, y tal, que ninguna cosa le falta para ser infierno sino la esperanza que tengo de remedio.*

Mientras Cortés escribía todo esto, en la ciudad de México todo seguía muy mal, después de la actuación nefasta de los representantes del rey, Chirinos y Salazar, quienes seguían encadenados y en sus jaulas. Con el regreso de Cortés se confiaba en que todo volvería a la normalidad y se restablecería el espíritu de prosperidad que Cortés había sabido imprimir en su actuación. Pero él había rehusado reasumir el mando, pues eso representaba romper la legitimidad, dado que el gobernador nombrado por el propio rey había designado sucesor "in articulo mortis", así que el licenciado Marcos Aguilar era el gobernador oficial de toda la Nueva España, por regio mandato.

Pero este gobernador carecía totalmente de arraigo entre la gente, además de que era un hombre viejo y enfermo; como había perdido toda la dentadura se alimentaba principalmente de leche de cabra, y él personalmente, había traído desde España sus propias cabras para que se le ordeñaran diariamente. Pero en la ciudad de México, el licenciado Aguilar había tenido la fortuna de encontrar a una india robusta, llamada Ocotxóchitl, que había perdido a su hijo recién nacido y cuyos pechos rebosaban de leche, por lo que el nuevo gobernador la adoptó como su personal nodriza, y cada tres horas lo amamantaba, con lo que no sólo le mejoró la salud, sino hasta el carácter.

Cortés reconoció la autoridad de Marcos Aguilar para no contravenir la línea de poder que había determinado el rey, pero comenzó una cierta labor intrigante para desacreditar al nuevo gobernador lactante, y una de sus maniobras fue el requerirlo tres veces para que retomara el juicio de residencia en su contra; el requerimiento dice:

> *No embargante que está dudoso en derecho si el caso especial de la dicha residencia solamente fue encargado a Luis Ponce de León defunto, si él lo podía sostituir, delegar o encargar a tercera persona. Yo en su nombre le pido, e si es necesario le requiero una, dos o tres veces, que Vuestra Merced proceda en la dicha residencia.*

Pero ante el propio escribano y dos testigos, el gobernador respondió al requerimiento diciendo que prefería no entrometerse en eso de la residencia hasta que se consultara el asunto con Su Majestad, el rey.

Seguramente el licenciado Aguilar entendía perfectamente que no tenía la capacidad ni la fuerza política suficiente para juzgar al caudillo conquistador de toda la

Nueva España y prefirió abstenerse de esta osadía, pues también entendía que si entraba en conflicto con Cortés, su vida peligraba; aunque su vida ya sería corta, pues no duró más de siete meses en el cargo, estando enfermo la mayor parte de este tiempo y muriendo el 1° de marzo de 1527, no sin antes nombrar a su sucesor, que fue el tesorero Alonso de Estrada.

De nuevo se esparcieron los rumores de que Cortés había envenenado al anciano, lo que se veía desmentido por el deplorable estado en el que se encontraba Aguilar desde su llegada.

En esta coyuntura política, de nuevo todos los notables de la ciudad pidieron a Cortés que reasumiera el cargo de gobierno, lo que sin duda sería de provecho para todos; pero el conquistador volvió a negarse, diciendo que sólo en el caso de que Su Majestad lo ordenara él volvería a gobernar.

El cargo que se depositó en la persona del tesorero Alonso de Estrada causó un gran revuelo entre los notables de la ciudad, quienes eran los que sustentaban el gobierno; pero se dividieron en dos bandos, pues Alonso de Estrada representaba a los españoles que habían llegado después de la conquista, por lo que los que habían participado en la guerra se sentían despojados y presionaron de manera determinante para que se nombrara un gobernador adjunto que representara a su partido. Esto finalmente fue aceptado y se nombró a Gonzalo de Sandoval.

Con la mayor discreción, Cortés se ausentó de la ciudad durante las disputas políticas; pero en su peregrinar, estando cerca de Yautepec, le ocurrió un hecho insólito y por demás peligroso, pues fue picado por un escorpión y entró en crisis por el envenenamiento de la sangre. Sintiéndose al borde de la muerte, Cortés invocó a la Virgen más venerada de su tierra, Extremadura, que era la de Guadalupe, y le prometió que si le salvaba la vida, algún día regresaría a España y le llevaría un "exvoto" alusivo al milagro. Como finalmente Cortés remontó las fiebres y recuperó la salud, quedó comprometido con la Virgen extremeña, quien, un poco cambiada, pero en esencia la misma, llegaría a ser la patrona de México.

El nuevo gobierno

Alonso de Estrada era un hábil político y tenía una gran influencia, pues era un hijo bastardo del rey Fernando, el Católico, y por lo mismo tío del actual emperador Carlos V, aunque, por supuesto, no reconocido. Ese antecedente era suficiente para que hasta en la Nueva España se le tuviera respeto y temor, gracias a lo cual logró fácilmente desembarazarse de su "adjunto", para lo cual se valió de un escándalo en el que un criado de Sandoval había matado en riña a otro que servía al tesorero. Ese hecho fue suficiente para que Estrada pusiera en entredicho a Sandoval y le retirara sus poderes.

Cortés se enteró tarde de este incidente, pues se había retirado a vivir en el palacio que se había construido en Cuernavaca, pero cuando supo que Sandoval había sido excluido del gobierno, se trasladó a la ciudad de México y le reclamó airadamente a Estrada su proceder. Como el tono de Cortés llegó a ser ofensivo, según el gobernador, éste decidió castigar a Cortés y dictó una orden de destierro en su contra.

Esta medida parecía en extremo drástica y sobre todo muy aventurada de parte del gobernador quien, a pesar de sus influencias, en México resultaba un minúsculo adversario en contra del caudillo conquistador; pero, ante la sorpresa de todos, Cortés aceptó el destierro, yéndose primeramente a Coyoacán, para arreglar sus asuntos, después a Cuernavaca y posteriormente a Tlaxcala, donde tanto los españoles como los dignatarios indígenas se presentaron ante él para ofrecerle su solidaridad.

El gobernador sabía de todos estos movimientos de Cortés y tenía buenas razones para sentirse preocupado, pues una sublevación dirigida por Cortés no sólo significaba su caída sino un fuerte golpe para el imperio español; seguramente el gobernador deseaba conjurar aquel peligro, pero no podía hacerlo sin mengua de su autoridad. La ocasión se le presentó como hecha a la medida (tal vez él mismo la confeccionó), pues sucedió que el obispo de Tlaxcala se trasladó a la ciudad de México para abogar a favor de Cortés. Tratándose de una petición de un alto dignatario de la Iglesia, Estrada derogó la orden de destierro y para congraciarse con Cortés, lo invitó a ser el padrino de su futuro hijo, pues doña Marina, su esposa, estaba embarazada. Sin esta forzada reconciliación, tal vez la historia de México hubiese cambiado de rumbo.

Expediciones a las islas orientales

Aunque inicialmente el rey le había ordenado a Cortés que regresara a España, prefirió solicitarle que preparase una armada con destino a las islas Molucas, con el objetivo de auxiliar a dos expediciones españolas que aparentemente se habían extraviado en la búsqueda de las islas de la "Especiería", una de ellas al mando de García Jofre de Loaisa y la otra al mando de Sebastián Caboto. En una de estas expediciones murió Juan Sebastián Elcano, quien, cuatro años antes, había completado la vuelta al mundo.

Para cumplir con este encargo, Cortés mandó construir tres naves, gastando en ello más de cuarenta mil pesos de su propio peculio.

Al frente de esas naves zarpó un primo de Cortés, llamado Álvaro de Saavedra Cerón, con un total de 110 tripulantes, con tan mala suerte que dos de las naves naufragaron durante una tormenta y solamente una de ellas logró llegar a las islas Molucas, en donde localizaron a los pocos sobrevivientes de las anteriores expediciones. Sin embargo, al intentar el viaje de regreso, Saavedra Cerón falleció y sus compañeros tuvieron que regresar a las islas, en donde casi todos murieron de hambre y enfermedad, o fueron llevados prisioneros a la India.

A pesar del enorme fracaso de esta expedición de rescate, Cortés se entusiasmó con la apertura de los caminos hacia las Indias Orientales y mandó construir sendos astilleros en Acapulco y Tehuantepec.

Ya por aquellos tiempos, las Cartas de Relación de Hernán Cortés se habían convertido en lo que ahora se conoce como un "Best Seller", no sólo en España, sino en toda Europa. Pero tal parece que al rey le pareció inadecuado el prestigio que estaba adquiriendo Cortés, y el libro que contenía las cartas fue prohibido por cédula real en 1527; incluso se hicieron hogueras públicas en las principales ciudades de España y se arrojaron a ellas todos los libros que se pudieron localizar, dando la impresión de que se trataba de un libro herético, a pesar de que el Santo Oficio no se había pronunciado al respecto.

Parte de esta extraña prohibición se debió a las intrigas de Pánfilo de Narváez, quien ya en Madrid se había dedicado a denostar a Cortés, a pesar de que en la ciudad de México le había besado las manos y los pies, en agradecimiento por haberle devuelto la libertad. Quizá eso influyó en el ánimo del rey, pero seguramente la razón de peso era de índole tanto visceral como política, pues la imagen de Cortés y la epopeya de la conquista de México estaban empañando el oropel del que ya era más que un rey, pues había ascendido a la categoría de "Emperador".

Las Cartas de Relación siguieron circulando en España de manera clandestina, pero no se volvieron a publicar sino hasta doscientos años después. Cabe mencionar que en esa época se recrudeció la ya tradicional aversión de las autoridades españolas por los libros en general, con el nefasto apoyo de la Inquisición; como un dato de referencia interesante mencionaremos la cédula que emitió la reina, doña Isabel, dirigida a la Casa de Contratación de Indias, y en la que se prohibía que se difundieran en América los libros de caballerías:

Yo he sido informada que se pasan a las Indias muchos libros de romances, de historias vanas e de profanidad, como son los de Amadís e otros desta calidad, e por queste es mal ejercicio para los indios e cosa en que no es bien que se ocupen y lean, yo vos mando que de aquí en adelante no consintáis ni déis lugar a persona alguna pasar a las Indias libros de historias e cosas profanas, salvo tocante a la religión cristiana e la virud.

Pero las Cartas de Relación de Cortés no relataban historias vanas ni "profanidades", sino que daban cuenta de una hazaña histórica en verdad asombrosa, por lo que la prohibición se debió a la necesidad enfermiza que tenían el rey y su corte de opacar la imagen de Cortés. Así que el rey prefirió creer en las insidias de Pánfilo de Narváez y llegó incluso a encomendarle la conquista de la Florida, seguramente para poner un contrapeso a los triunfos de Cortés.

Narváez marchó a la Florida bien dotado por el rey, quien confiaba en él a pesar de que ya había fracasado en un primer intento años antes; y en esta ocasión volvió a fracasar de manera trágica, pues murió en el intento, lo mismo que casi todos los que lo acompañaban.

El regreso a España

Hernán Cortés no mostraba deseos de regresar a España, y a pesar de que se declaraba fiel súbdito de Su Majestad, seguramente ya se sentía dueño de todas las tierras conquistadas y por conquistar. Pero su posición en México se había vuelto insostenible, pues ya no contaba con el favor del rey, además de que oficialmente ya no era el gobernador de la Nueva España. En 1527 recibió una carta del presidente del Consejo de Indias en la que se le señalaba la conveniencia de ir a Castilla "para que Su Majestad le viese y conociese personalmente". Cortés había salido de España a la edad de diecinueve años y ahora ya había cumplido los cuarenta y dos. Hacía veintitrés años que no veía a sus padres, además de que desde que enviudó había estado comprometido en matrimonio con doña Juana de Zúñiga, sobrina del duque de Béjar, pues su padre había hecho el arreglo por cuenta propia y para conveniencia de la familia, como era la costumbre entre los hidalgos españoles.

Así, pues, Cortés preparó su partida hacia España, y para tal efecto envió a uno de sus mayordomos, Pedro Ruiz, a Veracruz, con dos barras de oro para que le comprara dos navíos, pero sucedió que el mayordomo fue asaltado y muerto en el camino, y por supuesto desaparecieron las dos barras de oro. En vista de ello, Cortés envió a otro sirviente con otras dos barras de oro, pero esta vez protegido por una fuerte escolta, señalando que los barcos debían estar bien artillados y abastecidos en abundancia.

Cuando estuvieron listos los navíos Cortés se dirigió al puerto, pero al llegar recibió la dolorosa noticia de que su padre había fallecido, así que inició en viaje con un sentimiento de duelo que lo ensombrecía, acompañado por Andrés de Tapia y Gonzalo de Sandoval, además de varios amigos y señores de la nobleza indígena, *...y ocho volteadores del palo, doce jugadores de pelota, algunos indios e indias muy blancos y unos enanos".*

Cortés llevaba también treinta mil pesos en oro, una buena cantidad de joyas y algunos animales seleccionados de la espléndida fauna mexicana, entre ellos dos tigres, varias aves de ricos plumajes y un tlacuache. Entre los indígenas que lo acompañaban se encontraban un hijo y un sobrino de Moctezuma, y un hijo de Maxiscaltzin, el rey de Tlaxcala, a quien en España se le bautizó como Lorenzo y se le dio trato de aliado extranjero, nombrándolo caballero.

Con este gran boato zarparon de Veracruz rumbo al puerto de Palos, sin hacer escala, llegando a tierra española el 29 de mayo de 1528. Cortés había enfermado durante la travesía y se retiró a descansar al monasterio de La Rábida. Otros miembros de la comitiva también llegaron enfermos; en especial el capitán Gonzalo de Sandoval, quien tenía la intención de quedarse a vivir definitivamente en España, por lo que había vendido todas sus propiedades en México y llevaba trece barras de oro, que eran todo su capital.

Al llegar gravemente enfermo al puerto de Palos, alquiló una casa modesta para él y tres sirvientes, pero como su estado de salud empeoraba, mandó a uno de sus criados en busca de un médico y a otro al monasterio de La Rábida para que informara de su estado a Cortés; un tercer sirviente se quedó a cuidarlo.

En cuanto recibió el mensaje, Cortés regresó a Palos para visitar a su amigo, pero el médico le informó que éste se encontraba ya en estado terminal. Cortés lo acompañó hasta el momento de su muerte, lo que ocurrió esa misma noche. A la mañana siguiente, el cuerpo de Sandoval fue llevado a La Rábida, donde se le daría sepultura; después del sepelio se presentaron los tres sirvientes de Sandoval para informar a Cortés que las trece barras de oro habían desaparecido, lo mismo que el dueño de la casa. Un destacamento de soldados salió a buscarlo, pero jamás se le encontró, y el fruto de la ambición y el esfuerzo de Sandoval quedó en manos ajenas.

Desde el puerto de Palos, Cortés envió una carta al rey, comunicándole su llegada a España, el fallecimiento del Capitán Sandoval y el asunto del robo de las trece barras, por lo que le pedía algunas mercedes para sus deudos. Envió otra carta al Consejo de Indias y una más al duque de Béjar, que era el padre de su prometida.

El rey dispuso que el capitán Cortés fuera llevado a Toledo, donde se encontraba en esos días, ordenando que se le rindieran honores en todas las villas por donde pasara.

Cortés se puso en camino con toda su comitiva de soldados, señores de la nobleza indígena, indios cirqueros, plantas exóticas, animales raros y una buena cantidad de oro y joyas. Al llegar a Sevilla fue recibido por el Duque de Medina Sidonia, quien organizó en honor suyo una corrida de toros. De ahí se trasladó a Medellín, que era su ciudad natal, de donde había salido a los diecinueve años y sin otro proyecto de vida que la aventura, por lo que nadie podía suponer que llegaría a ser un personaje importante. Fue hasta 1519 que comenzaron a llegar noticias de las hazañas de Hernando y algunos regalos para sus padres, que con el tiempo se convertirían en cuantiosas aportaciones de oro y joyas, de manera que su padre, Martín Cortés Monroy se convirtió en un hidalgo rico e influyente, pues era recibido en la Corte, donde directamente informaba al rey de las hazañas de su hijo y lo defendía de las calumnias de que era objeto.

Desgraciadamente, Martín Cortés había muerto repentinamente poco antes de la partida de su hijo. Lo primero que hizo Hernán Cortés al llegar a Medellín fue ir a postrarse ante la tumba de su padre, para después visitar a su madre.

Finalmente Cortés salió de Medellín con rumbo a Toledo, llevando consigo la mayor parte de la fortuna en oro y joyas que su padre había guardado con gran celo.

Antes de comparecer ante el rey, Cortés se dirigió al santuario de Nuestra Señora de Guadalupe, de quien era devoto y a la que había hecho una promesa por lo del incidente del escorpión.

En el monasterio de Guadalupe, que estaba a cargo de los monjes Jerónimos, se veneraba una imagen de la virgen que había sido encontrada en 1326 en la sierra de Guadalupe, por lo que se le dio ese nombre.

El rey Alfonso IX le edificó un santuario que con el tiempo se convirtió en monasterio. El culto de la virgen de Guadalupe se fue extendiendo por España y también por América; se le veneró en Cuba y en todas las Antillas, donde incluso una de las islas recibió su nombre.

Para agradecer el milagro que Cortés pensaba que le había hecho la virgen de Guadalupe, había mandado labrar un escorpión de oro puro, en cuyo interior se incrustó el verdadero escorpión que lo había picado. Por fin había llegado el momento de cumplir su promesa, por lo que se postró ante el altar de la virgen y le entregó aquella notable pieza de orfebrería. Acompañado por los monjes jerónimos rezó un novenario y les pidió que le permitieran descansar ahí unos días, pues no se encontraba curado del todo y su enfermedad le había producido una gran fatiga.

Durante su estancia en ese monasterio, Cortés conoció a la señora María de Mendoza, importante mujer casada con el secretario de Carlos V, don Francisco de los Cobos, quien había manejado toda la correspondencia entre el rey y Cortés. Para halagar a doña María, Cortés le regaló algunas joyas muy valiosas, y también hizo generosos regalos a las damas que la acompañaban, entre las que se encontraba doña Francisca, de quien Cortés parece haberse enamorado, a juzgar por los regalos que le hizo: *Tejuelos de oro fino, mucho liquidámbar y bálsamo para qué se perfumara.*

Tan obsequioso se mostró Cortés y tanto entusiasmo mostraba con doña Francisca, que doña María le propuso que se casara con ella, lo que era a todas luces deseable y conveniente para Cortés.

Seguramente le fue muy difícil negarse a ese matrimonio, pero tuvo que hacerlo, pues él ya estaba comprometido con doña Juana de Zúñiga, la sobrina del duque de Béjar. Doña María tomó aquella negativa como un gran desaire, por lo que Cortés se ganó la animadversión de aquellas mujeres, y por ende la del propio secretario del rey.

En presencia del rey

Además de la enfermedad que seguía consumiendo su cuerpo, también su mente se encontraba alterada por las fuertes emociones que había recibido desde la muerte de Sandoval, la visita a su madre, el dolor ante la tumba de su padre y todas las emociones que le causaba la vuelta a su tierra después de tantos años y tantas aventuras. Todo aquello afectó también su salud, de manera que al llegar a Toledo, Cortés se sentía muy grave.

Fue recibido por dos caballeros de la Corte que lo hospedaron en una posada y le dijeron que Su Majestad tenía muchos deseos de conocer a quien le había prestado tan grandes servicios y que la audiencia sería al día siguiente.

Abrumado por la enfermedad, por la depresión y por la inquietud que le causaba el inminente encuentro con el rey, aquella noche no pudo dormir; pero haciendo acopio de entereza, esa mañana se vistió con sus mejores galas y se presentó en la Corte, acompañado por su futuro suegro, el duque de Béjar, y por toda su exótica comitiva.

Ya en la sala del trono, se adelantó ante el rey, quien de inmediato le ordenó que se levantara. Entonces comenzó el largo discurso de Cortés en el que fue relatando todos los hechos de la conquista de México, que iba presentando como grandes servicios a la Corona; todo lo escuchó pacientemente el rey, quien ya conocía perfectamente esos hechos por haberlos leído en las Cartas de Relación, cuya difusión había prohibido.

Cuando terminó su narración, Cortés pidió permiso para presentar a los nobles indígenas que lo acompañaban, entre ellos un hijo del emperador Moctezuma, y otro del Señor de Tlaxcala. El rey acordó que se les dispensaran toda clase de honores y manifestó que se sentía muy halagado de que viniesen a España.

Después, Cortés puso delante del rey los espléndidos regalos que le tenía, consistentes en una gran cantidad de joyas, además de algunas aves exóticas y animales raros. A continuación presentó a los indios "volteadores", quienes, ante el trono del rey, se pusieron a jugar muy hábilmente un palo con los pies, pasándolo de uno a otro, lo que causó admiración entre los presentes, aunque algunos se sintieron indignados por considerar aquel espectáculo como una falta de respeto a Su Majestad.

Finalmente, Cortés comenzó a exponer sus pretenciones de recompensa por los servicios que había prestado a la Corona, pero el rey lo interrumpió para pedirle que se las presentara por escrito, incluyendo las sugerencias y recomendaciones que estimara prudentes para el buen manejo del gobierno de la Nueva España, pues valoraba en mucho su experiencia y su criterio.

Al terminar la audiencia, Cortés se retiró con buen ánimo, pues el rey se había abstenido de tocar puntos negativos y parecía en buena disposición con él; pero al regresar a la posada, su enfermedad se agravó de tal manera que parecía al borde de la muerte. Enterado el rey de la situación del conquistador, al día siguiente fue a visitarlo en persona, lo que causó muchos comentarios y distintas interpretaciones.

Cortés había estado ya muchas veces al borde de la muerte, desde su nacimiento, cuando los médicos de Medellín aseguraban que no tenía posibilidades de vivir. Durante el sitio de Tenochtitlan, tres veces fue capturado por los indios y puesto a punto de sacrificio, y las tres logró escapar. Durante la expedición a las Hibueras se le tenía ya el hábito de franciscano para sepultarlo y había regresado vivo a México. Ahora, en Toledo, Cortés se encontraba a todas luces agonizante, pero él no estaba dispuesto a perder la vida de esta manera, sin gloria y sin mérito.

En el tiempo que duró su recuperación, Cortés perdió contacto con los asuntos de México, y Carlos V intervino personalmente enviando algunas Cédulas en las que se nombraban las autoridades que sustituían a las actuales y que informarían de manera directa a la Corte. Para ello designó una "Real Audiencia", con cuatro oidores, presididos por Nuño de Guzmán, lo que era nefasto para Cortés, pues Guzmán era uno de sus más encarnizados enemigos.

En esas Cédulas se contenía una "instrucción secreta", que consistía en abrir un nuevo juicio de residencia en contra de Hernán Cortés, para retomar el que había quedado sin efecto al morir Ponce de León. En esta instrucción se incluían nuevos cargos en contra de Cortés, los que eran de mucha gravedad, pues se le acusaba de desobediencia y deslealtad al rey y de haberse enriquecido a sus espaldas, además de otros cargos.

Resultaba absurdo que se le abriera de nuevo ese juicio estando él ausente de la Nueva España por órdenes del propio rey, pues se trataba de un juicio "de residencia", misma que se fijaba en "la ciudad de Tenuxtitlán, México". Pero en realidad los abogados del rey actuaban con gran astucia, pues sabían que si Cortés estuviera presente en México ningún testigo se atrevería a declarar en su contra. En cambio, estando en España y sin posibilidades de defenderse personalmente, se le podrían imputar y comprobar toda clase de delitos.

Ignorante de todo lo que se tramaba en su contra y obedeciendo la petición del rey, Cortés se dedicó a escribir el "memorial" que contenía sus peticiones:

> *Dos cosas me movieron a ponerme en tanto trabajo y peligro como fue el venir a España: la de cumplir el deseo que ha tanto tiempo yo he tenido de besar sus reales pies y manos, y la otra satisfacer a Vuestra Majestad de las sinistras*

relaciones que de mí algunos han hecho... Doy infinitas gracias a Dios por haberme dicho Vuestra Majestad que de mí se tiene por servido, y satisfecho de mi fidelidad, y por falso lo que contra eso se ha informado".

Como el rey le había indicado que le escribiera sus demandas, diciendo si quería que se cumpliesen en México o en España, Cortés escribe:

Paréceme que en ninguna parte Vuestra Majestad podrá hacerlo más fácilmente que en aquellas tierras que yo en su real nombre he conquistado y puesto bajo su imperial cetro, porque eso sería vestirme de la pieza que hilé y tejí; y si a Vuestra Majestad le pareciere que cabe hacerme merced de los pueblos que al presente tengo, los pongo aquí:

Tezuco, Chalco, Otumba, Huexocingo, Cuetasta, Tututepeque, Tehuantepeque, Soconusco, Tlapan, Guastepeque, Acapichtla, Cierta parte de Michuacan, Guaxaca, Coadnahuaca, Metalcingo, donde crío mis ganados, Coyoacán, donde tengo labranzas de trigo, Tuztlan y Tepuaca, la rinconada que se llama Izcalpan, donde hago dos ingenios de azúcar, y Chinantla, que señale a una hija como dote suya.

Después de enumerar sus modestas peticiones, Cortés formuló las recomendaciones que le había pedido el rey para el buen gobierno de la Nueva España:

Lo primero es la conservación y perpetuación de los naturales dellas, porque faltando éstos, todo lo demás que se quisiere proveer sería sin cimiento".

En esta parte alude, con discreción, a la cruel política de exterminio que siguieron los españoles en las Antillas, incluyendo Santo Domingo, Jamaica y Cuba, que fueron las primeras colonias españolas. Estas conductas genocidas fueron narradas por fray Bartolomé de Las Casas en su *Breve descripción de la destrucción de las Indias;* y Cortés busca evitar que tal cosa suceda en México:

> *Vuestra Majestad debe imaginar la tierra de la Nueva España como una heredad que nuevamente ha plantado, y para que fructifique es menester que las plantas se arraiguen para que duren más y permanezcan, dando orden de que estos naturales, los indios, sean bien tratados y conservados en sus pueblos. Síguese luego que estas gentes vengan en conocimiento de su Creador, para que se salven, porque si no se entra por esa puerta, No sería Vuestra Majestad el buen pastor, como lo es.*

En esta carta, Cortés se muestra como un apasionado defensor de los indios, aunque sus actitudes contradicen sus palabras, pues mientras los caciques y señores indígenas lo apoyaban e incluso lo veneraban, los indios que él tenía en ignominiosa propiedad eran tratados como esclavos. El propio Cortés había instituido el sistema de la "encomienda" y había ordenado marcar a muchos de los "encomendados" con "el hierro de Su Majestad", como si fueran ganado. No fue sino hasta 1542, mediante las "Leyes Nuevas" del Consejo de Indias, que se empezó a dar una política más humana hacia los naturales, pues se prohibía obligar a los indios a prestar servicios en contra de su voluntad y sin una retribución justa.

Cortés había sido el primero en romper aquella moral que expresa, pero en su "Memorial" se permite esos aires de bondad y va formulando otras recomendaciones respecto de la repartición de los pueblos entre los españoles, atreviéndose a decir que no era conveniente que muchos de esos pueblos quedaran como patrimonio de la Corona:

> *... según la experiencia de lo pasado, no ha parecido muy provechoso haberlos tenido Vuestra Majestad, porque los pueblos que hasta aquí han entado en manos de vuestros*

> *oficiales han sido muy maltratados, en mucha disminución, y Vuestra Majestad ha recibido poco beneficio dellos, de lo que darán testimonio los libros de su contador y tesorero.*

Ante estos señalamientos, Carlos V reaccionó de extraña manera, pues en vez de proceder a "cortarle la cabeza" a Cortés, como había sido antes su intención, envió a la Real Audiencia una nueva Cédula, ordenando que se respetaran todas las propiedades de Cortés durante su ausencia...

> *porque don Hernando ha venido a estos reinos y yo he sido servido de ello, y mi voluntad es que hasta que otra cosa mande, no se haga novedad en los indios, pueblos y otras cosas que tenía en la Nueva España; y os mando así mismo que las personas que están allá a cargo de su hacienda sean bien tratadas y no se les haga agravio alguno.*

El juez Nuño de Guzmán y los oidores no hicieron el menor caso de esa nueva disposición y siguieron adelante con el proceso; aprovechando la ausencia de Cortés hicieron comparecer a 22 testigos, en su mayoría falsos, acumulando 101 cargos en su contra, descubriendo, según ellos, que tenía riquezas fabulosas, tesoros enterrados en su casa de Coyoacán y que los barcos que estaba construyendo en Tehuantepec no eran para las expediciones para las Especierías, sino para cargar todos sus tesoros y huir de la Nueva España. En vista de lo anterior, la audiencia decidió despojar a Cortés de todos sus bienes, desacatando la Cédula del rey.

Nuño de Guzmán

Carlos V no había entendido el gran error que cometió al crear en la Nueva España una Real Audiencia que tenía facultades más altas que el propio gobierno civil, y además poner al frente de esta institución a uno de los hombres más corruptos de la época, Nuño de Guzmán. El rey no tomó en cuenta las advertencias que Cortés le había hecho en la carta confidencial que le envió desde la ciudad de México el 11 de septiembre de 1526:

> *Suplico a Vuestra Majestad que cuando mande proveer los cargos, procure primero saber qué personas son y de qué calidad, para que no parezca que Vuestra Majestad tiene en tan poca estima esta tierra, que se da un cargo al que lo pide.*

En cuanto Nuño de Guzmán hizo su aparición triunfal en la ciudad de México, asumió de hecho el gobierno de la Nueva España, sirviéndose de los oidores Matienzo y Delgadillo, quienes secundaban incondicionalmente sus decisiones; así que lo primero que hizo fue pregonar la apertura del juicio de residencia en contra de Hernán Cortés, tomando como consejeros nada menos que a los ex enjaulados Chirinos y Salazar a quienes les encomendó buscar testigos de cargo, proveyéndoles lo necesario para pagar generosamente a los testigos, de manera que declarasen lo que convenía. Durante el proceso, Guzmán llamó al obispo electo, Zumárraga y le prohibió hacer uso de su nombramiento de Protector de Indios, pues si se atrevía a hacerlo, la Audiencia procedería en su contra.

Para el ejercicio de sus funciones, el presidente de la Audiencia, Nuño de Guzmán, se adueñó del palacio de Cortés, que tomó como residencia y despacho.

Fueron llamados a declarar 22 testigos de cargo, todos ellos enemigos de Cortés, y ellos no se limitaron a confirmar las imputaciones del interrogatorio, sino que fueron agregando otras acusaciones de su cosecha. Uno de los testigos aseguró que le constaba personalmente que Cortés era un degenerado sexual y que había tenido relaciones con más de cuarenta indias y varias españolas. El médico Cristóbal de Ojeda declaró que todo indicaba que el juez Ponce de León había sido envenenado, cuando dos años antes había declarado que el juez había muerto de "fiebre maligna", lo que constaba en actas, pero en esta nueva instancia dijo que había declarado aquello por temor a Hernán Cortés.

Todos se aprovechaban de la ausencia de Cortés para manifesar sus resentimientos a modo de acusaciones formales, incluso se tomaron como culpas algunas de las hazañas, como el hecho de haber desmantelado sus naves para obligar a su gente a continuar la guerra. En el juicio se pretendía que Cortés pagara el precio de aquellas naves a quienes resultaran sus dueños, pues las naves no eran suyas y el hecho era un delito de despojo en contra de terceras personas.

Otras de sus acciones de guerra: el haber derrotado y hecho prisionero a Pánfilo de Narváez, le fue señalada también como una culpa grave. Pero el fondo político de aquel juicio era el resquemor que se le tenía a Cortés a causa del gran prestigio que había adquirido, de su poder y riqueza. Los enemigos de Cortés llegaron a convencer al rey de que Cortés recibía mucho oro de los señores indígenas, que lo fundía en secreto y lo escondía en varios lugares, además de que en su casa de Coyoacán tenía varios cofres llenos de oro y joyas.

Tratando de hundir completamente a Cortés, se volvió a retomar el asunto de la muerte de su esposa, doña Catalina

Juárez, y una de sus doncellas declaró que mientras la amortajaba le había visto en el cuello señales de haber sido estrangulada con cordeles. Esta declaración motivó que se abriera contra Cortés un nuevo juicio por homicidio.

Una de las más curiosas acusaciones fue la de que Cortés no mostraba nunca un verdadero celo religioso ni se preocupaba por la evangelización, acusación ésta que resultaba muy débil, pues se tenían las cartas en las que Cortés solicitó reiteradamente el envío de misioneros, y pruebas de su buena disposición para con ellos.

También se le acusó de ser un inveterado jugador de naipes y dados, y de haber manifestado alegría cuando se enteró de la muerte de Ponce de León.

Otro de los acusadores fue Jerónimo de Aguilar, a quien Cortés había rescatado en Yucatán; ahora reclamaba el pago de sus servicios como intérprete y la reposición de un caballo suyo que había muerto en una de las batallas.

Así, pues, un fárrago de calumnias, chismes y algunas acusaciones que seguramente eran ciertas, fueron engrosando el expediente de don Hernando, mismo que se terminó en mayo de 1529, un año después de que Cortés había llegado a España. Firmaron ese legajo el presidente de la Audiencia, Nuño de Guzmán, y sus oidores Matienzo y Delgadillo; el expediente se envió al Consejo de Indias.

Como una medida adicional, los detractores de Cortés se dedicaron a recolectar firmas de algunos españoles para un escrito en el que se le pedía al rey que ya nunca permitiera el regreso de Cortés a la Nueva España. Si esa petición tenía éxito, los firmantes podrían adueñarse, por diversas artimañas legales, de la mayoría de los bienes de Cortés.

Nuevo matrimonio

Mientras todo esto sucedía en México, en España Cortés seguía con sus ingenuas gestiones ante el rey y sus funcionarios. Habiendo presentado el Memorial ya referido, tuvo que esperar un año para recibir respuesta, pero en esa espera, Cortés tuvo que seguir al rey de una a otra ciudad, como era la costumbre y para estar cerca. Al establecerse la Corte en Zaragoza, en abril de 1529, Cortés se trasladó a la villa de Béjar, pues ya era tiempo de cumplir su compromiso conyugal, y así contrajo matrimonio con doña Juana de Zúñiga, sobrina del duque de Béjar, quien entregó a Cortés una generosa dote de diez mil ducados. Y mientras la boda se organizaba, Cortés mandó a Roma a uno de sus más fieles compañeros, el hidalgo Juan de Rada, para que le entregara al Papa Clemente VII un valioso regalo, consistente en un cofre lleno de joyas de oro y pedrería fina; además le hizo una presentación de dos de los indios jugadores del palo que había traído desde México. Se dice que tanto el Papa como algunos cardenales se mostraron complacidos con la habilidad de aquellos jugadores, y se dice que Clemente VII hizo grandes elogios del servicio que Cortés había hecho a la Iglesia Católica con la conquista de México.

Como reconocimiento a sus méritos, el Papa elaboró una Bula en la que concedía grandes indulgencias a los capitanes y soldados que habían participado en la Conquista, y además entregó otra Bula, firmada el 16 de abril de 1529, en la que Su Santidad legitimaba a los tres hijos bastardos de Cortés. El primero de ellos era Martín, al que había tenido con doña Marina; el segundo era Luis de Altamirano, que había engendrado con la española Elvira Hermosillo; y la tercera era Catalina Pizarro, que había engendrado en Cuba con doña Leonor Pizarro, antes de su partida hacia México.

Logrado ese especial privilegio, ciertamente bien pagado, Cortés se reincorporó con su nueva esposa a la Corte del rey en Zaragoza, y más tarde lo acompañó también hasta Barcelona, donde el rey se preparó para viajar a Roma, con objeto de recibir, de manos del Papa Clemente VII, la corona y el cetro del "Sacro Imperio"; pero antes de su partida tuvo a bien dar respuesta al famoso Memorial de Cortés, emitiendo para ello tres Cédulas reales, que empezaban diciendo:

> *Don Carlos, por la divina clemencia emperador siempre augusto rey de Alemania; doña Juana, su madre, y el mismo don Carlos por la gracia de Dios reyes de Castilla, de León, de Aragón, de las dos Sicilias, de Jerusalem, de Navarra, de Granada, de Toledo, de Valencia, de Galicia, de Mallorca, de Sevilla, de Córdoba, de Córcega, de Gibraltar, de las Islas Canarias, de las otras islas y tierra firme de la mar océano...,* (etcétera).

Después de esta rimbombante entrada, que debió ser desesperante para Cortés, el monarca le hacía la gracia de darle el título de "Marqués del Valle de Oaxaca", lo que causó asombro tanto en la vieja como en la Nueva España, pues el grado de marqués era el más alto al que podía aspirar un súbdito que no fuese miembro de la familia real; además de que la concesión era espléndida, pues en aquellos tiempos el Valle de Oaxaca se extendía desde Cuernavaca hasta Tehuantepec. En la segunda Cédula le concedió la merced real de veintidós pueblos y veintitrés mil vasallos; y por último, en la tercera Cédula, le devolvió el cargo de Capitán General de la Nueva España.

Hernán Cortés

De esta manera, el rey le había concedido casi todo lo que Cortés pidió, incluyendo pueblos tan importantes como Coyoacán, Oaxaca, Tehuantepec, Cuernavaca, Oaxtepec, Tacubaya y Jalpa. Lo único que no le concedió el rey ni le concedería nunca fue el cargo de gobernador, negándoselo con estas palabras: *En cuanto a la gobernación, yo holgara mucho en concedérosla, pero por varias razones no conviene.*

De regreso en México

De cualquier manera, la ganancia de aquel viaje había resultado extraordinaria; Cortés regresaba a la Nueva España como Marqués y Capitán General, aunque a su llegada se encontraría con grandes problemas, pues ya se habían perdido todas sus propiedades y también su dinero, según le informó su mayordomo, Francisco Terrazas, en una carta que lo alarmó mucho. Ahí le hacía saber que Nuño de Guzmán y sus oidores se habían adueñado de todas sus casas, de su ganado, ovejas, yeguas y esclavos negros, todo para cobrarse la cantidad de treinta y dos mil pesos de oro que según ellos Cortés le debía a Su Majestad el rey, y otros doce mil que Nuño de Guzmán le aplicaba a manera de multa por el hecho de que Cortés se dedicaba a jugar a los naipes.

Así, pues, Hernán Cortés, que unos meses antes podía haberse considerado uno de los hombres más ricos del mundo, en ese momento no tenía caudal alguno en la Nueva España, ya que Guzmán había fraguado hábilmente su ruina, por lo que era imperativo que se dispusiera a regresar para hacer valer sus nuevos privilegios y recuperar su fortuna; pero entre tanto recibió dos Cédulas de la reina doña Isabel, esposa de Carlos V. En una de ellas la reina ordenaba a los oficiales de Sevilla, de Cuba y de La Española que...

ayuden y encaminen en todo lo que hubiere menester al marqués del Valle de Oaxaca, que va a la Nueva España llevando consigo a la marquesa su mujer, lo cual yo tengo voluntad que sea favorecido y mirado.

Pero en otra Cédula, de fecha posterior, la propia doña Isabel ordenaba al marqués del Valle que no entrara en la ciudad de México hasta que llegaran a ella los nuevos miembros de la Real Audiencia.

Seguramente la reina ordenaba eso para evitar que se presentaran situaciones peligrosas con Guzmán, Matienzo y Delgadillo; pero Cortés estaba ansioso por partir y los miembros de la nueva Audiencia se tardaban, por lo que decidió embarcarse por su propia cuenta, fletando las naves con el dinero que tenía en España y viajando con gran boato, como era su costumbre. Partió de Sevilla a mediados de marzo de 1530, llevando un séquito de cuatrocientas personas, y esta vez, además de su esposa, llevó consigo a su madre, Catalina Pizarro.

Además de los oficiales, soldados y criados que habían venido con él, llevaba doce frailes de la Orden de la Merced y ocho beatas de la Orden de San Francisco y San Agustín con la intención de que se fundaran en México los primeros conventos de mujeres, además de algunos campesinos que comenzarían las labores del campo en las nuevas tierras que se le habían concedido.

Cuando las naves llegaron al puerto de Santo Domingo, ya los esperaban las autoridades, que tenían instrucciones precisas de no dejarlos partir hasta que llegaran los miembros de la segunda Audiencia.

La reina y emperatriz, doña Isabel, estaba gobernando España mientras su marido se encontraba en Roma, para ser coronado como emperador del "Sacro Imperio Romano Germánico". Esta circunstancia sería afortunada para el futuro de la Nueva España, pues la reina tenía un criterio mucho más lúcido y firme que su marido para las cosas del gobierno, y sobre todo comprendía lo delicado de la política en las tierras de América, tan lejos de sus dominios y de tan difícil control; en especial comprendía la grave situación de México, por lo que reunió una comisión de hombres reconocidos como sabios y prudentes, entre ellos al nuevo presidente del Consejo de Indias, fray García de Loaisa. Obispo de Osma, y en el seno de esa comisión se llegó a la conclusión de que la Nueva España debía ser gobernada por un solo hombre, como lo había sido antes por Hernán Cortés, dándole a ese hombre un poder amplio, lo que significaba la categoría de virrey, teniendo ese hombre los antecedentes necesarios de honradez y espíritu de justicia.

Una vez más, la reina Isabel reunió a los hombres idóneos para que procedieran a la elección de quien sería el primer virrey de la Nueva España, pero como eso les tomaría tiempo y las condiciones del gobierno actual eran intolerables, les encargó que, en una primera instancia, nombraran una segunda Audiencia, compuesta por hombres virtuosos y capaces de juzgar a la primera.

Para presidir esta nueva Audiencia se designó al obispo don Sebastián Ramírez de Fuenleal, quien ya había dado amplias muestras de rectitud en el gobierno de La Española, y como oidores se nombraron a Juan de Salmerón, Alonso de Maldonado, Francisco Ceynos y Vasco de Quiroga. Esta comisión salió de España el 25 de agosto de 1530.

Nuño de Guzmán era un hombre astuto y tenía sus informantes, por lo que sabía que la reina tramaba algo en contra suya, y que parte de ese plan era el nombramiento de una segunda Audiencia que vendría a México con el encargo de someterlo a juicio; pero él encontró un recurso para salvarse, renunció al cargo de presidente de la Audiencia vigente y se autonombró "Conquistador de la Nueva Galicia", escribiendo una carta dirigida al rey en la que le informaba que marcharía hacia el Norte de México para doblegar la rebeldía de los indios chichimecas, y con ello incluiría esos territorios en el patrimonio de la Corona.

En efecto, Guzmán reunió un buen ejército y comenzó su expedición, para lo cual tomó en préstamo nueve mil pesos de las arcas reales y además realizó una campaña de donaciones "voluntarias" entre los españoles de la ciudad.

Al frente del gobierno se habían quedado Matienzo y Delgadillo, quienes no estaban del todo conscientes de la trascendencia de la nueva Audiencia que venía en camino, por lo que siguieron con toda naturalidad su política abusiva, ahora con más ímpetu, pues se veían con todo el poder en sus manos. En esta época se destaca lo que hicieron con los apoderados de Cortés, los cuales se habían puesto de parte de su patrón en las audiencias del juicio, por lo que se ganaron la animadversión de los oidores, quienes ahora decidieron tomar venganza y dictaron órdenes de aprensión contra ambos apoderados, que fueron a refugiarse al convento de San Francisco. Pero Matienzo y Delgadillo no respetaron la sacralidad del lugar ni el derecho de asilo, y apoyados por los soldados violaron el claustro. Los religiosos demandaron la devolución de los asilados, pero como no se les hizo caso organizaron una procesión en la que participaron muchos habitantes de la ciudad. En el momento en que la muchedumbre se aproximaba al Cabildo, Delgadillo montó a caballo y seguido por su guardia arremetió contra la procesión, dejando varios heridos en el embate. Al siguiente día, y para manifestar la firmeza de su determinación, ahorcaron públicamente a Cristóbal de Angulo y a García de Llerena lo azotaron y después le cortaron un pie.

Cortés no tenía conocimiento de las verdaderas intenciones de la reina, por lo que desesperó después de dos meses de inactividad en Santo Domingo, así que decidió seguir el viaje a Veracruz, a donde llegó el 15 de julio de 1530. En el puerto recibió algunas manifestaciones de contento, aunque muy tibias, pues las autoridades de la villa ya no eran personas allegadas a Cortés sino que habían sido nombradas por Nuño de Guzmán y la Audiencia, por lo que no les convenía el regreso del conquistador.

Ante este anodino recibimiento, Cortés prefirió seguir hacia Tlaxcala, cuyos señores principales y caciques seguían siendo sus aliados y admiradores. Allá sí tuvieron Cortés y su comitiva un gran recibimiento, por lo que la madre y la esposa del capitán pudieron apreciar quién era Cortés en la Nueva España, y hubiera sido preferible que se quedara

Recibimiento a Cortés en Tlaxcala según el códice Durán .

ahí hasta la llegada de la nueva Audiencia; sobre todo porque hasta Tlaxcala le llegó una nueva Cédula de la reina, en la que de manera afectuosa lo instaba a esperar con paciencia la llegada de la Audiencia, asegurándole que pronto llegaría y advirtiéndole... *si en el presente, estando las cosas como están, antes de que ellos lleguen entrásedes en México vos y la marquesa, vuestra mujer, podría traer inconvenientes ya aun desasosiego vuestro. No lo hagáis para evitar algún desabrimiento.*

El sitio de Texcoco

Pero Cortés era un hombre obstinado y una vez más desatendió las órdenes de la reina, así que volvió a reunir a su comitiva e inició la marcha hacia Texcoco. Al llegar ahí causaron dificultades, pues Texcoco era una ciudad pequeña y no podía albergar a una comitiva de cuatrocientas personas, por lo que rápidamente se agotaron los víveres.

Matienzo y Delgadillo sabían de todos los movimientos de Cortés y sobre todo de su situación en Texcoco, por lo que urdieron el plan de sitiar a Cortés y su gente en Texcoco, y cortar las vías de abastecimiento, lo que hicieron con toda facilidad, pues contaban con el apoyo del ejército regular y Cortés no tenía fuerza alguna para romper el cerco.

Los primeros días los indios aliados trataron de llevarles provisiones desde los pueblos cercanos, pero los soldados de los oidores lo impidieron y amenazaron con pena de cárcel a quien intentara abastecer a Texcoco.

La situación se fue haciendo cada vez más grave; los tres frailes franciscanos que residían ahí fueron caminando hasta la ciudad de México, aprovechando el que no serían detenidos a causa de su investidura, y una vez allá pidieron a los oidores que depusieran su actitud, en virtud de que en aquel pueblo se encontraban muchos hombres inocentes, además de la esposa y la madre del marqués, doce frailes de la Merced y ocho mujeres beatas. Matienzo y Delgadillo no solamente se negaron a cumplir la petición de los frailes, sino que además les prohibieron que regresaran a su iglesia.

Por otro lado, los señores de Texcoco, con Ixtlixóchitl a la cabeza, atravesaron la laguna en sus canoas para pedir a los oidores que pusieran fin a tan injusta situación, pues su pueblo no tenía por qué sufrir aquella pena. En vez de darles alguna explicación, los oidores prácticamente aprehendieron a la comitiva, ordenando a sus soldados que se les impidiera el regreso a su población hasta nueva orden.

De esta manera, la comitiva de Cortés, compuesta por cuatrocientas personas, comenzó a sufrir los embates del hambre, y los más débiles iban muriendo, por lo que la ciudad se convirtió en un infierno. Había que sepultar rápidamente a los muertos para evitar epidemias, y la furia de Cortés alcanzó su punto más alto cuando falleció su madre, quien había vivido siempre en la austeridad y había venido a México para disfrutar de la opulencia que su hijo le había prometido.

El sufrimiento de Cortés y los suyos continuaba y crecía; unos días más tarde, la señora marquesa, que venía embarazada, dio a luz un niño varón, probablemente prematuro, además de que en sus condiciones la madre no pudo alimentarlo, el niño murió a los pocos días de nacido y fue sepultado junto a su abuela, Catalina Pizarro, en el atrio del modesto convento de San Francisco, en Texcoco.

Finalmente terminó ese tormento, pues los nuevos oidores llegaron a la ciudad de México en enero de 1531. Matienzo y Delgadillo quedaron de inmediato destituidos y se les abrió juicio, en el que rápidamente se les acumularon ciento veinticinco acusaciones por toda clase de delitos.

Por fin se restablecía en orden en la Nueva España, sobre todo con la llegada del nuevo presidente de la Audiencia, el venerable obispo Ramírez de Fuenleal.

Matienzo y Delgadillo fueron condenados a prisión y se vendieron en subasta pública todos sus bienes, con lo que se cubrió la multa de cuarenta mil pesos que se les impuso. El juicio de residencia de Nuño de Guzmán tendría que postergarse durante los seis años en que éste anduvo de conquistador en tierras chichimecas, donde siguió cometiendo toda clase de tropelías en contra de los naturales y contra españoles; pero finalmente fue capturado y enviado a España, donde murió en cautiverio.

Después de la terrible experiencia del sitio de Texcoco, donde había muerto la mitad de su comitiva, es decir doscientas personas, por fin Cortés llegó a la ciudad de México, en donde fue recibido con gran alegría.

Como las nefastas actitudes de Matienzo y Delgadillo habían producido mucho descontento entre la población india, se habían producido sublevaciones en varias partes, por lo que durante un tiempo Cortés se dedicó a apaciguarlos, y después se retiró a su palacio de Cuernavaca, para reponerse física y moralmente, además de comenzar a organizar la devolución de sus bienes, en acuerdo con la nueva Audiencia.

Cortés podría haber mantenido buenas relaciones con los integrantes de la segunda Audiencia pues eran personas de una índole totalmente distinta a los de la primera. Pero sucedía que la reina había girado instrucciones secretas en el sentido de que no se le entregaran todas las propiedades que el rey le había concedido con extrema ligereza, tal vez por no tener plena conciencia de la magnitud e importancia de lo que le estaba asignando a un solo hombre. Por esa razón, los oidores daban largos rodeos jurídicos para proceder a las asignaciones y procuraban acotarlas por todos los medios, pero el carácter iracundo de Cortés no dejaba de manifestarse, por lo que sus relaciones con la Audiencia se volvieron tensas.

Entre otras cosas, no era prudente que Cortés fuera dueño de toda la franja comprendida entre Chapultepec y los pueblos de San Cosme y de Tacuba, porque eso le daría poderes extraordinarios sobre la ciudad, simplemente podría controlar el abastecimiento de agua potable, que venía principalmente de los manantiales de Chapultepec. Además, era ilegal que un puerto perteneciera a un particular pues estaba estipulado que todos pertenecían a la Corona, ya que de otra manera un hombre podría impedir los movimientos de tropas, el comercio y demás movimientos de personas y cosas, lo que era bastante lógico; sin embargo, Cortés insistía en ser dueño de los lugares donde había construido sus astilleros, tanto en Acapulco como en Tehuantepec. Y de igual modo se empeñaba en conservarlo todo, aunque lo que se le asignaba era ya un verdadero imperio y podía generar una enorme fortuna.

Con la finalidad de rebasar a las autoridades locales, Cortés apeló al Consejo de Indias y a otros tribunales en España, por lo que los juicios se prolongaron varios años. Mientras tanto, Cortés y su esposa se habían asentado en Cuernavaca y fue ahí donde nació el primero de sus hijos legítimos, a quien llamó también Martín, en recuerdo de su padre, aunque ya tenía otro hijo Martín, que había engendrado con doña Marina, el cual tenía ya diez años de edad. Después del primogénito varón, doña Juana de Zúñiga tuvo otras cuatro hijas, de las cuales sobrevivieron tres, María, Catalina y Juana.

Nuevas expediciones

Pero Cortés estaba más interesado en continuar con su vida aventurera que en la familia, y seguía con la obsesión de las conquistas en los mares del Sur. Así que se trasladó a sus astilleros de Acapulco y Tehuantepec para dirigir personalmente la reconstrucción de los barcos que Nuño de Guzmán le había destruido por el simple afán de hacerle daño.

La reina veía con buenos ojos las intenciones aventureras de Cortés, tal vez porque con ello se lo quitaba de encima y se facilitaba el gobierno de la Nueva España; así que la reina no dejaba de estimular las actividades preparatorias para las futuras expediciones; sin embargo, no faltaron los problemas, pues los oidores acusaron a Cortés de estar usando a los indios como bestias de carga y en contra de su voluntad, para transportar los materiales que se requerían en la construcción de los barcos. Como ya se ha dicho, las leyes de Indias prohibían el trabajo esclavo de los indígenas. Cortés fue encontrado culpable de violación de estas leyes y condenado a pagar una multa de cuarenta mil pesos de oro.

La construcción de barcos en la Nueva España era un problema financiero y logístico que Cortés no había podido calcular en su verdadera dimensión, pues aquí no existía la mano de obra adecuada ni la infraestructura para construir barcos de gran calado, por lo que finalmente Cortés se convenció de que lo único que podía hacer era construir barcos costeros y organizar expediciones hacia la costa norte de la Nueva España, donde quedaban grandes territorios por conquistar, a pesar de que ya Nuño de Guzmán se le había adelantado. Así que Cortés renunció a su sueño de "los mares del Sur" y organizó cuatro expediciones a las tierras del Norte. La primera de ellas partió al mando de Diego de Hurtado, con dos navíos; pero uno de ellos primero se amotinó y después naufragó, y el otro, en el que viajaba Hurtado, simplemente desapareció y no se volvió a saber más de él.

En el segundo viaje, Diego Becerra salió a buscar a Hurtado y unas islas en las que se decía que había grandes riquezas; pero en el trayecto la tripulación se amotinó y Becerra fue asesinado a cuchilladas; el piloto, Ortuño, tomó el mando de la nave y descubrió la isla de Santa Cruz, pero al explorar la isla con sus soldados cayeron en una emboscada que les habían preparado los naturales de la isla y todos fueron muertos. Los miembros de la tripulación, que habían permanecido a bordo, se salvaron y regresaron costeando hasta Jalisco, en donde Nuño de Guzmán los hizo prisioneros y se incautó la nave.

Ante estos dos fracasos, Cortés decidió no enviar más capitanes e ir él en persona al frente de una expedición de gran envergadura, así que envió tres naves hacia el puerto de Chametla, en Sinaloa, que formaba parte de lo que Guzmán consideraba su territorio y que llamaba "Nueva Galicia". Para reforzar a sus fuerzas de mar, Cortés marchó por tierra con más de trescientos soldados, atravesando los territorios dominados por Guzmán, quien no se atrevió a hacerle frente. El 15 de abril de 1535, el ejército de tierra y el de mar se reunieron en Chametla y de ahí se dirigieron por mar hacia la bahía de Santa Cruz —La Paz—, pero los vientos dispersaron las naves, y tanto Cortés como sus tropas estuvieron incomunicados y sufriendo de hambre muchos días; las provisiones no llegaban, pues la nave principal había encallado; se estima que en esa espera murieron, prácticamente de hambre, veintitrés de los acompañantes de Cortés.

En su deseo de encontrar las naves que se habían perdido y de salvar la situación trayendo los alimentos,

Cortés se embarcó en el único navío disponible y tuvo terribles contratiempos, pues su embarcación también encalló. Durante la reparación de la nave murió el piloto al caerle encima uno de los mástiles; en su desesperación, Cortés tuvo que encargarse del timón de aquella nave y finalmente logró llevar el bastimento a los hombres que habían quedado incomunicados en Santa Cruz. Pero ahí no terminó la tragedia, pues sucedió que los hombres estaban tan débiles y hambrientos que se abalanzaron sobre los alimentos y los devoraron sin la menor prudencia, de lo que dice Bernal Díaz del Castillo: *...fue tanta la dolencia que murieron la mitad de los que quedaban.*

Cuando no era el viento era el hambre, y cuando había saciedad la gente moría de indigestión; la suerte le era totalmente adversa a Cortés. Dice Bernal Díaz:

> *Estaba tan trabajado y flaco que deseaba volver a la Nueva España, sino que de empacho, porque no dijesen de él que había gastado tan gran cantidad de pesos de oro y no había tocado tierras de provecho, ni tenía ya ventura en cosas que pusiese la mano, y que era por maldiciones de los soldados, a ese efecto no se fue.*

En vista de tan mala fortuna, Cortés decidió dar por terminada aquella aventura y abandonó lo que hoy es la Baja California y que para ellos era una isla, y por cierto sin el menor interés, pues ahí la tierra era árida y ardiente, y no crecía nada más que plantas cactáceas. Pero los esfuerzos de Cortés no fueron en vano, pues sin querer había descubierto un golfo que se llamó primero "Mar Bermejo" y que ahora se conoce como *Mar de Cortés.*

Finalmente regresó al puerto de Acapulco, y de ahí viajó a Cuernavaca, llegando a su palacio el 5 de junio de 1536. Aunque ya para entonces estaba lucubrando algo distinto y apasionante: establecer una nueva ruta entre Acapulco y el Perú, que estaba también en proceso de conquista por su pariente Francisco Pizarro, así que lo más pronto posible envió dos navíos con armas, soldados y víveres para reforzar a Pizarro. Aquella empresa, que en realidad no era una gran aventura, resultó exitosa y abrió la que sería una de las rutas más importantes de comercio en toda América hispana.

Pero ese mismo éxito, como siempre, le atrajo problemas, pues el primer virrey que tuvo la Nueva España, don Antonio de Mendoza, vio en la empresa naviera de Cortés una gran oportunidad de brillar él mismo, por lo que se adueñó del astillero de Tehuantepec e incautó todas las naves que tuvieran como puntos de entrada y salida los mares del Sur.

Por supuesto Cortés se consideró agraviado e inició un litigio que habría de resultar interminable, como todos en los que se había enfrascado. Finalmente, ya desesperado porque sus asuntos no marchaban, Cortés decidió viajar a España para hablar directamente con el rey y mover las cosas más a nivel político que jurídico.

Otra vez en España

Al iniciar este viaje, Cortés estaba ya a punto de cumplir los cincuenta y cinco años de edad; quiso llevar con él a sus hijos, Martín (el heredero) y Luis, quien había sido legitimado por el Papa.

Cuando llegó a Madrid fue recibido amablemente por los miembros del Real Consejo de Indias, pero muy pronto se dio cuenta de que no contaba con una buena disposición de parte de los funcionarios y también de que había perdido por completo el favor del rey, y por cierto tampoco podría contar ya con la reina, pues ella había fallecido en Toledo el 1° de mayo de 1539.

Curiosamente, Cortés se encontró en Madrid con Bernal Díaz del Castillo, quien había llegado dos meses antes por su propia cuenta. También en esos momentos estaba ahí el traicionero Nuño de Guzmán, a quien por fin se había logrado aprehender, y la Real Audiencia lo había llevado a España para purgar su sentencia. Asimismo estaba en Madrid don Hernando Pizarro, sobreviviente de la familia que se había lanzado a la conquista del Perú. Dos de sus hermanos habían muerto en la empresa: Francisco, el vencedor de Atahualpa y fundador de la ciudad de Lima fue asesinado por un español para cobrar una venganza personal, y Juan había fallecido durante el sitio de Cuzco; más tarde otro de los hermanos, Gonzalo, habría de morir decapitado, cuando se ostentaba como gobernador general del Perú.

De manera imprudente, pues el rey se encontraba de luto, Cortés no perdió tiempo en la gestión de sus asuntos y le escribió al rey un largo "Memorial" que contenía todas sus quejas y reclamaciones, lo que no sólo no tuvo éxito, sino que resultó contraproducente, pues el rey, molesto, consideró que el propio Cortés, con sus interminables alegatos, había revivido el juicio de residencia que se había suspendido mucho tiempo atrás, y que no se había resuelto a favor ni en contra. Por lo tanto, el rey ordenó que Cortés no podía regresar a la Nueva España hasta que todos los procesos pendientes en que estaba involucrado se finiquitaran.

Así, pues, Cortés se había metido en una tramposa maraña, que en gran parte fue creada por él mismo, pues su molesta y meticulosa ambición lo llevó al desprecio de los caminos de la caballerosa tolerancia que el rey había manifestado en su favor, y eso tuvo que pagarlo sin descuento alguno.

La guerra de Argel

Empeñado en acrecentar y consolidar su imperio, el ya emperador, Carlos V, se había empeñado en la campaña de conquista de Argel, con el pretexto de que los piratas árabes y turcos tenía ahí su base y constantemente agredían a los navíos españoles que cruzaban el Mediterráneo. Así, en 1541, se organizó una poderosa armada compuesta por más de quinientos barcos con sus tripulaciones y 24 mil soldados, además de la numerosa tripulación.

Deseando recuperar la buena voluntad del rey, Hernán Cortés se alistó voluntariamente en esta armada, con sus dos hijos, a pesar de que el menor apenas tenía nueve años de edad.

Durante el trayecto se produjo una gran tempestad y por lo menos naufragaron ciento cincuenta naves; los que pudieron llegar a las costas de Argel se reorganizaron y pusieron sitio a la ciudad. Pero el rey y sus generales, considerando la disminución de sus tropas, decidieron levantar el sitio y proceder a una retirada general. Se ordenó que todas las tropas se embarcaran a pesar de la tormenta y se hicieran a la mar, lo que fue también una mala medida, pues se perdieron muchas naves más. El resultado de esta campaña fue una gran derrota para el orgulloso emperador, pues había perdido una buena parte de su flota y muchas vidas, sin haber entrado en batalla.

Últimas cartas

Abrumado por la derrota de Argel, y sintiendo que su regreso a la Nueva España se postergaría sin remedio tal vez para siempre, Cortés entra en un periodo de gran melancolía y parece abandonar el terreno de lo jurídico para concentrarse en lo humano. Escribe entonces, las que serían sus últimas cartas, en las que hace una amarga evocación de sus triunfos y trata de hacer reconocer sus méritos.

En la primera de ellas, fechada en 1542, empieza diciendo:

> *El marqués del Valle suplica a Vuestra Majestad se acuerde que desde el año de cuatro que pasó a las partes de las Indias, ha servido y sirve en las cosas siguientes...*

Así va enumerando todas sus acciones desde que llegó a La Española en 1504; su intervención en la pacificación y población de la isla de Cuba; la expedición a México y los pormenores de la conquista. Después menciona las expediciones que hizo a las islas Malucas, así como las expediciones a la mar del Sur, para descubrir nuevas tierras y así... *Servir mejor a Vuestra Majestad y dilatar su nombre y patrimonio real por todo el mundo.*

Termina quejándose de que a él *se le ha quitado todo, no habiendo falta en su persona y gobernación,* y expresa su consternación, pues dice desconocer la causa por la que fue despojado, por lo que suplica al rey que si existe algún motivo se le haga saber.

Esta carta no tuvo ningún resultado, por el contrario, su proceso judicial se enredaba cada vez más, pues el fiscal del Consejo de Indias insistía en reavivar los expedientes en torno a las tierras y pueblos que el rey le había dado, y sobre los 23 mil vasallos. La postura del Consejo era que la cifra debía tomarse como un total, y Cortés insistía en que debía interpretarse como 23 mil caciques y jefes de familia, pues de lo contrario, dice, *yo quedaría como un pobre romero.*

Resulta curioso que un hombre que tiene 23 mil personas a su servicio se considere en la pobreza; tal vez estos excesos de ambición en Cortés molestaban al rey y a sus jueces, lo que sería muy comprensible.

El 18 de marzo de 1543, Cortés dirige otra carta al emperador:

> *Al cabo de cuatro años que estoy fuera de mi casa y de cuarenta que sirvo a Vuestra Majestad y a la Corona destos reinos y de haberlos acrecentado por mi persona y a mis expensas otro tanto como ellos son.*

Dice Cortés que le resulta más difícil defenderse del fiscal que haber ganado de los infieles tantas tierras; pero también expresa que por todo ello le da gracias a Dios... *que quiere pagarse en esto de muchas ofensas que yo le he hecho. Pero suplico a Vuestra Majestad que, ya que es servido de entrar en juicio con su siervo, sea de manera que tengamos los jueces iguales.*

Parece mucho atrevimiento de su parte el pedir "jueces iguales", lo que indica la acusación de parcialidad; pero agrega:

> *Ya que no se han tenido estas consideraciones, suplico a Vuestra Majestad que no me haga tanto mal ni desventura.*

Aquella carta no logró tampoco mover el ánimo del rey ni de sus jueces. El 3 de febrero de 1544, Cortés escribe la que sería la última de sus cartas dirigidas al rey:

> *Pensé que el haber trabajado en la juventud me aprovechara que en la vejez tuviera descanso, y así ha cuarenta años que me he ocupado en no dormir, mal comer y a las veces ni bien*

ni mal, traer las armas a cuestas, poner la persona en peligros, gastar mi hacienda y edad, todo en servicio de Dios, trayendo a su corral ovejas muy remotas de nuestro hemisferio, y acrecentando y dilatando el nombre y patrimonio de mi rey... De la parte que a Dios cupo de mis trabajos y vigilias estoy pagado, porque siendo la obra suya, quiso tomarme por medio... Véome viejo, pobre y empeñado en este reino... No tengo edad para andar por mesones, sino para recogerme y aclarar mi cuenta con Dios, pues la tengo larga y poca vida para dar los descargos, y será mejor perder la hacienda que el alma.

Al margen de esta carta, en letra del secretario del rey, Francisco de los Cobos se encuentran estas palabras: *"No hay que responder"*.

El final

Ya nunca podría regresar Cortés a sus palacios de la Nueva España. Desde que escribió su última carta hasta su muerte transcurrieron tres años y diez meses, en los que Cortés no tuvo más ocupación que *conversar con personas doctas acerca de temas de filosofía moral.* Su casa, en Madrid, se había convertido en un lugar de tertulia al que acudían muchos personajes notables de la cultura española, quienes disfrutaban escuchando los relatos heroicos del conquistador y al mismo tiempo lo alimentaban emocionalmente con su admiración, tal vez ésta haya sido su única satisfacción durante sus últimos tiempos.

Algo que no deja de sorprender es que en estos años, Cortés realmente se encontraba en mala situación económica, a pesar de que seguía teniendo grandes extensiones de tierras en la Nueva España, rentas y tributos, minas, ingenios azucareros, establecimientos comerciales en la ciudad de México y muchos otros negocios. Cualquier persona hubiese podido vivir espléndidamente en España con una parte de todo eso; pero, aparentemente, Cortés no recibía nada, sólo se tiene referencia de pequeñas cantidades de oro y plata que le fueron enviadas desde México ya en los últimos meses de su vida, pero aquellos envíos eran insuficientes para pagar sus deudas y cubrir sus gastos.

En noviembre de 1546, Cortés abandonó Madrid y se fue vivir a Sevilla, donde fue acogido en la casa parroquial de San Marcos. Era tal su pobreza para entonces, que tuvo necesidad de empeñar todos los objetos valiosos que tenía en su casa. Cuenta Bernal Díaz del Castillo que para entonces se habían agravado sus dolencias, por lo que decidió dejar Sevilla, por quitarse de muchas personas que lo visitaban, y se fue a Castilleja de la Cuesta, a la casa de un amigo suyo llamado Juan Rodríguez... *para allí entender en su ánima y ordenar su testamento.*

El testamento fue dictado al escribano Melchor de Portes los días 11 y 12 de octubre de 1547; posteriormente, el 2 de diciembre, se agregó una nueva cláusula, y esa misma noche falleció Hernán Cortés, a la edad de sesenta y dos años.

TÍTULOS DE ESTA COLECCIÓN

Abraham Lincoln
Adolfo Hitler
Albert Einstein
Alejandro Graham Bell
Alejandro Magno
Beethoven
Benito Mussolini
Buda
Carlota
César Borgia
Charles Chaplin
Cleopatra
Conde Cagliostro
Confucio
Cristóbal Colón
Dante Alighieri
Diana de Gales
Ernest Hemingway
Ernesto Che Guevara
Eva Perón
Federico Nietzsche
Franz Kafka
Gandhi
Gengis Kan
Harry Houdini
Hermann Hesse
Hernán Cortés
Jesús
John F. Kennedy
Joseph Fouché
Juan Pablo II
Juan XXIII
Juana la Loca
Julio César
Karl Marx
Leonardo Da Vinci
Lucrecia Borgia
Mahoma
Marco Polo
María Antonieta
María Tudor
Marilyn Monroe
Marqués de Sade
Miguel Ángel
Mozart
Napoleón
Nicolás Maquiavelo
Oscar Wilde
Pitágoras
Rasputín
René Descartes
Ricardo Corazón de León
San Francisco de Asís
Sigmund Freud
Vincent Van Gogh
Vlad Tepes
William Shakespeare

Impreso en Offset Libra

Francisco I. Madero 31

San Miguel Iztacalco,

México, D.F.